思想道德修养与法律基础实践教程

主　编　武　文　王洪娇　李　甜
副主编　徐海萍　胡荣花　杨　蜜
参　编　郑萍萍　朱思伟　张明义　侣玉杰　吴现文

中国海洋大学出版社
·青岛·

图书在版编目（ＣＩＰ）数据

思想道德修养与法律基础实践教程 / 武文, 王洪娇,
李甜主编. — 青岛 : 中国海洋大学出版社, 2020.8
　　ISBN 978-7-5670-2547-9

　　Ⅰ.①思… Ⅱ.①武… ②王… ③李… Ⅲ.①思想修
养—高等学校—教材②法律—中国—高等学校—教材
Ⅳ.①G641.6②D920.4

中国版本图书馆CIP数据核字(2020)第151178号

出版发行	中国海洋大学出版社
社　　址	青岛市香港东路23号　　　邮政编码　266071
出 版 人	杨立敏
网　　址	http://pub.ouc.edu.cn
电子邮箱	zhanghua@ouc-press.com
订购电话	0532-82032573 （传真）
责任编辑	张　华　　　　　　　电　话　0532-85902342
照　　排	青岛光合时代文化传媒有限公司
印　　制	青岛国彩印刷股份有限公司
版　　次	2020年8月第1版
印　　次	2020年8月第1次印刷
成品尺寸	170 mm × 240 mm
印　　张	10.75
印　　数	1~5000
字　　数	192 千
定　　价	28.00元

如发现印装质量问题，请致电0532-58700168，由印刷厂负责调换。

如何增强高职院校思政课教学的针对性、吸引力和实效性？如何将思政课的教材体系转换为教学体系？如何让社会主义核心价值观不仅进课堂而且入脑入心？如何让思政课课堂不仅到课率高而且抬头率、参与率、参与质量也高？如何让教学方式新、教学课堂活、教学效果实？这些都是当前思政课改革所必须解决的重要课题。

党的十九大以来，以习近平同志为核心的党中央高度重视思政课建设，各级党委和相关部门出台了一系列的举措。青岛职业技术学院党委全力推进思政课的建设和改革，思政课教学部不断探索创新，课程改革不断取得可喜的成果，在思政教学的实践基础上编写了《思想道德修养与法律基础实践教程》，努力将教材体系转化为教学体系。

本教程基于教育部最新版本的《思想道德修养与法律基础》教材，根据教育部《思想道德修养和法律基础专题教育指南》，准确体现各个教学专题的教学环节和项目设计，秉持以学习者为中心的思想，突出"问题"引导，更好地激发广大同学对思政课的学习兴趣，"寓教于做，寓教于思"，切实增强思政课的针对性和实效性，增强实践项目的科学性和可操作性，增强案例选择的典型性和新颖性，让学生乐学、乐做，学有所思，学有所获，让学生将理论知识、价值观念内化于心，外化于行，实现思政课育人的总目标。

众所周知，"思想道德修养与法律基础"是高职院校素质教育的核心课程，是大学生思想政治教育的主渠道和主阵地。本课程以世界观、人生观、价值观、道德观、法治观教育为主线，帮助大学生牢固树立社会主义核心价值观，教育、引导大学生加强自身思想修养、道德修养和法律修养。我们基于高等职业教育作为类型教育的基本原则，体现鲜明的育人方向，以培养社会主义劳动观为核心，充分体现实践体验的基本特征，形成问题链、项目组、案例库系列，以提高实践项目的实用性和可操作性，增强案例选择的典型性和新颖性，调动学生的参与意识，切实增强课程的育人效果，达到知行合一的目的。

本实践教程具有如下特点：

一是由章节教学改为专题教学，各部分内容通过专题进行组织和整合，以专题展开教学，每个专题突出了"问题"，形成问题链以有效整合内容。

二是各专题内容设置贴近学生、贴近实际。将理论内容落地，从学生实际出发设计各教学专题，随社会发展不断充实、完善最新内容，让教学紧跟时代、贴近学生，使实践教程永葆鲜、活、实。

三是坚持理论联系实际，做到知行合一。每个专题都设置了习语金句、专题导学、劳模引领、问题导学、实践课堂、案例解析、课堂实践项目、阅读书目推荐、经典视频推荐等环节，使教程与课堂教学打破了单一说教式的教学模式，让学生在学习中思考、在思考中练习、在练习中提升，坚持学、教、做一体，做到了知行合一。

四是坚持团队考核与个人考核相结合。在教学中以小组为单位组织教学，切实加大教学实践项目的比例，并促进实践项目与教学相呼应，要求各小组以团队的形式完成，以团队成绩记入个人成绩，在课程表现、出勤、实践教程完成等环节直接记录个人成绩，进而实现团队考核和个人考核相结合，既增强了学生的团队意识，又发挥了个人的主观能动性。

大学是人生又一新的起点，在踏上人生新的征程时，面对新的生活、新的环境，要有新的境界、新的期望。我们愿以本教程为载体，引导大学生树立远大理想、端正人生态度、创造人生价值，做一个热爱祖国、恪守道德、遵纪守法的好公民，做一个正确对待婚姻爱情、弘扬传统美德、勇于承担责任的好子女，做一个爱岗敬业、诚实守信、善于创新的好员工。天道酬勤，一分耕耘孕育一分收获。让我们在高职教育的春天共同播撒下希望的种子，翘首以待下一个硕果累累的金秋！

本教程由武文主持编写，王洪娇负责整体设计，各部分内容由本书所有编者分工协作。其中，专题一由郑萍萍编写；专题二、三由胡荣花编写；专题四、五以及第三部分考核方案由王洪娇编写；专题六由武文编写；专题七由朱思伟编写；专题八、九由李甜编写；专题十、十一由徐海萍编写；专题十二由张明义编写；专题十三、十四由杨蜜编写；专题十五由佀玉杰编写；专题十六由吴现文编写。全稿由武文、王洪娇负责汇总，宋辉、郑萍萍负责审核。

本教程如有可资借鉴之处，我们将不胜荣幸；如有不当之处，亦欢迎各位专家同行不吝赐教。

青岛职业技术学院　武文

2020 年 5 月 14 日

C目录
ontents

第一部分　专题学习 / 001

专题一　做担当民族复兴大任的时代新人 / 002

专题二　确立高尚的人生追求 / 012

专题三　科学应对人生的各种挑战 / 022

专题四　理想信念的内涵与作用 / 034

专题五　确立崇高科学的理想信念 / 043

专题六　中国精神的科学内涵和现实意义 / 052

专题七　弘扬新时代的爱国主义 / 060

专题八　坚定社会主义核心价值观自信 / 069

专题九　践行社会主义核心价值观的基本要求 / 079

专题十　社会主义道德的形成及其本质 / 089

专题十一　社会主义道德的核心、原则及其规范 / 099

专题十二　在实践中养成优良道德品质 / 111

专题十三　我国社会主义法律的本质和作用 / 121

专题十四　坚持全面依法治国 / 130

专题十五　培养社会主义法治思维 / 140

专题十六　依法行使权利与履行义务 / 151

第二部分　我在青职读经典 / 161

我在青职读经典 / 162

第三部分　"思想道德修养与法律基础"考核方案 / 163

01

专题一

做担当民族复兴大任的时代新人

【习语金句】

思想政治理论课是落实立德树人根本任务的关键课程。青少年阶段是人生的"拔节孕穗期"，最需要精心引导和栽培。我们办中国特色社会主义教育，就是要理直气壮开好思政课，用新时代中国特色社会主义思想铸魂育人，引导学生增强中国特色社会主义道路自信、理论自信、制度自信、文化自信，厚植爱国主义情怀，把爱国情、强国志、报国行自觉融入坚持和发展中国特色社会主义事业、建设社会主义现代化强国、实现中华民族伟大复兴的奋斗之中。

——2019年3月18日，习近平在学校思想政治理论课教师座谈会上的讲话

【专题导学】

一、学习目标

正确认识大学生自身所处的人生发展阶段和当前所处的时代方位，了解中国特色社会主义新时代对大学生成长成才提出的要求，了解党和国家对大学生成长成才的期望，努力提升自身的思想道德素质和法治素养，做担当民族复兴大任的时代新人。

二、重点和难点

（一）重点

1.中国特色社会主义新时代科学内涵，中国梦与青春梦、中国梦与个人梦之间的辩证关系。

2.新时代、党和政府对当代大学生成长成才的要求，"担当民族复兴大任的时代新人"的内涵。

3.担当民族复兴大任的时代新人要提升思想道德素质和法治素养的基本要求。

（二）难点

1.中国特色社会主义新时代与大学生成长发展的内在关系。

2.成为担当民族复兴大任的时代新人对大学生成长发展的具体要求。

三、主要学习内容

（一）中国特色社会主义新时代的科学内涵

1.中国特色社会主义进入新时代的意义。中国特色社会主义进入新时代意味着近代以来久经磨难的中华民族迎来了从站起来、富起来到强起来的伟大飞跃，迎来了实现中华民族伟大复兴的光明前景；意味着科学社会主义在21世纪的中国焕发出强大生机与活力，在世界上高高举起了中国特色社会主义伟大旗帜；意味着中国特色社会主义道路、理论、制度、文化不断发展，拓展了发展中国家走向现代化的途径，给世界上那些既希望加快发展又希望保持自身独立性的国家和民族提供了全新选择，为解决人类问题贡献了中国智慧和中国方案。

2.中国特色社会主义新时代的内涵。中国特色社会主义新时代是承前启后、继往开来、在新的历史条件下继续夺取中国特色社会主义伟大胜利的时代，是决胜全面建成小康社会、进而全面建设社会主义现代化强国的时代，是全国各族人民团结奋斗、不断创造美好生活、逐步实现全体人民共同富裕的时代，是全体中华儿女勠力同心、奋力实现中华民族伟大复兴中国梦的时代，是我国日益走近世界舞台中央、不断为人类做出更大贡献的时代。

3.中国特色社会主义新时代与中国梦的关系。新时代是中华民族实现伟大复兴中国梦的时代。中国梦是历史的、现实的，也是未来的。它凝结着无数仁人志士的不懈努力，承载着全体中华儿女的共同向往，昭示着国家富强、民族振兴、人民幸福的美好前景。中国梦是国家的、民族的，也是每一个中国人的。只有每个人都为美好梦想而奋斗，才能汇聚起实现中国梦的磅礴力量。

4.中华民族伟大复兴中国梦与青春梦的关系。新时代是每一个青年人实现青春梦想的时代。当代大学生是中华民族伟大复兴进程的见证者和参与者，也是社会主义事业的生力军。新时代为大学生成长成才、勤学报国提供了广阔的舞台和无限的机遇，中华民族伟大复兴终将在广大青年的接力奋斗中变为现实。

（二）担当民族复兴大任的时代新人的要求

1.要有崇高的理想信念，牢记使命，自信自励。大学生要将实现"两个一百年"奋斗目标、实现中华民族伟大复兴中国梦的历史使命内化为担当的自觉，外化为实际行动，从容自信、坚定自励。

2.要有高强的本领才干，勤奋学习，全面发展。大学生要把学习作为首要任务，树立梦想从学习开始、事业靠本领成就的观念，让勤奋学习成为青春远航的动力，让增长本领成为青春搏击的能量。

3.要有天下兴亡、匹夫有责的担当精神，讲求奉献，实干进取。大学生要自觉把个人前途命运与国家、民族的前途命运紧紧地联系在一起，在尽责集体、服务社会、贡献国家中实现人生理想和人生价值；要坚持实践第一、知行合一，求真务实、有为善为，勇于面对实际生活中的各种挫折考验，勤奋刻苦、磨砺意志、脚踏实地；要始终保持昂扬向上的精神状态，富有求新求变的朝气锐气，敢于站在变革前沿，引领潮流之先，以新的实践创造更大成就。

（三）提升思想道德素质与法治素养

1.思想道德和法律的关系。思想道德和法律都是调节人们思想行为、协调人际关系、维护社会秩序的重要手段；二者都是上层建筑的重要组成部分，共同服务于一定的经济基础；思想道德为法律提供思想指引和价值基础，法律为思想道德提供制度保障。思想道德与法律的区别为：在调节人们思想行为、协调人际关系、维护社会秩序过程中，在调节领域、调节方式、调节目标等方面存在很大不同。

2.思想道德素质与法治素养的内涵。思想道德素质是人们思想观念、政治立场、价值取向、道德情操和行为习惯等方面品质和能力的综合体现，反映一个人的思想境界和道德风貌，是促进个体健康成长、社会发展进步的重要保障。法治素养是人们通过学习法律知识、理解法律本质、运用法治思维、依法维护权利与依法履行义务的素质、修养和能力，对于保证人们尊崇法治、遵守法律具有重要意义。

3.提升思想道德素质与法治素养的方法。思想道德素质和法治素养是人应该具有的基本素质。大学生应当通过理论学习和实践体验，牢固树立坚定的理想信念和正确的价值观念，陶冶高尚的道德情操，增强尊法学法守法用法的自觉性，不断提高自身的思想道德素质和法治素养。

四、学习建议

1.建议采取问题探讨或案例学习的方法，以大学生的学习和生活作为切入点，在思考和规划大学学习和生活的基础上，充分认识大学生成长与新时代的内在关系、中国梦和青春梦的关系，确立担当民族复兴的历史使命。

2.建议通过讨论式学习，师生一起共同探讨新时代对大学生成长和发展的价值。师生开展两代人之间的对话，分析时代发展与一代人成长的关系，认识新时代对自己成长的内在价值，进一步增强课堂学习与探讨思想道德和法律问题的内在积极性，自觉提升个体思想道德素质和法治素养，树立担当民族复兴大任的时代新人的人生信念。

【劳模引领】

许振超：践行"工匠精神"的优秀代表

冬日的青岛港，寒风阵阵，但港区内却是一番热闹繁忙的景象。岸上，一台台高大的桥吊正在紧张地"忙碌"；港湾里，满载巨型集装箱的万吨巨轮静静地停泊，等待启程远航……

这样的景象，许振超再熟悉不过，这里是他奋斗了40年的港口，是他创造"一钩准""一钩净""无声响操作法"的"舞台"，偌大的集装箱放入铁做的船上或车中，居然做到了铁碰铁不出响声；这里也是他创造"振超效率"的地方，频频打破世界纪录，让青岛港的高效名扬海外……

许振超，男，汉族，中共党员，1950年1月出生，山东荣成人，青岛前湾集装箱码头有限责任公司固机高级经理，中华全国总工会原副主席（兼职），第十一届、十二届全国人大常委会委员。他是青岛职业技术学院客座教授，多次来学院做报告。学院还于2014年成立了首届"振超班"。

许振超立足本职，干一行、爱一行、精一行，自学成才，苦练技术，练就了"一钩准""一钩净""无声响操作"等绝活儿，先后七次刷新集装箱装卸世界纪录，使"振超效率"享誉全球。他勇于创新、敢于开拓，带领团队积极开展科技攻关，持续破解安全生产难题，填补国际技术空白，为国家节约了巨额成本；在工作中创造出"振超工作法"，为青岛港提速建设发展提供了宝贵经验；荣获"全国劳动模范""全国优秀共产党员"等称号。在他的激励下，全国广大青年职工掀起了立足岗位、学习技能的热潮。这位"金牌工人"、技能大师、千千万万技术工人的偶像，2018年底荣膺改革开放百名杰出贡献表彰对象。在他看来，青年工人如何才能成长为"大国工匠"？一起来听听许振超的讲述。

我们为什么能在这个行业里实现装卸速度世界第一？靠的就是创新。操作上、工艺上的局部创新累积到一起，就成为我们团队在装卸船纪录上的整体创新。所以，创新还需要有积累。积累要靠学习、靠练。

在我看来，工人的创新不在于"高大精尖"，关键是解决工作中的细节和难点问题。不能为了创新而创新，最重要的是精益求精、打磨细节。

我认为工匠精神就是一种职业精神，在工作中要爱岗敬业、苦心钻研、精益求精，不管干什么工作，都要执着坚韧、追求完美。

我希望现在的年轻人，能把热爱劳动当作美德，把钻研技术当成乐趣。虽然时代不一样，但我认为一些精神、风气应该流传下去。古人云，"学，行之，上也；言之，次也"。任何时代都离不开个"干"字。

年轻人能赶上改革开放的好时代是幸运的。每个人都是一条河，流入大海才能获得更广阔的生命。改革开放就是大海，它成就了我们这样一批人，我们也助推了国家的强大。年轻人应常思过往，坚定热爱祖国、热爱劳动的信念，在工作岗位上好好学习新技术、新业务、新实践，学习、学习再学习！

（资料来源：人民日报、央视新闻）

【问题导学】

1.中国特色社会主义进入新时代，新时代的科学内涵和意义是什么？新时代是从国家和民族的发展进步的角度来定义的，如何理解新时代是中国当前的时代方位？新时代对于实现中华民族伟大复兴的中国梦有什么意义？

2.当代大学生正是人生奠基的关键阶段，人生最灿烂的年华正在展开。如何把自己的人生置身于民族发展的历史洪流之中？身处新时代的青年大学生如何看待新时代？新时代的内涵和意义对于你的人生有什么意义？中国梦与青春梦、个人梦的辩证关系是什么？

3.新时代党和政府对当代大学生成长成才的要求是什么？"担当民族复兴大任的时代新人"的内涵是什么？新时代是当代大学生一生的时代主题，把个人的一生置于"新时代"的历史洪流中，才能成就有价值的一生。青年大学生应当主动地把中华民族的伟大复兴与自己的人生发展结合起来。

4.担当民族复兴大任的时代新人对大学生成长发展有何具体要求？要提升思想道德素质和法治素养的基本要求有哪些？把民族、国家、时代与个体联结起来，在大时代里如何成就个体的人生？

5.思想道德素质与法治素养的内在关系是什么？思想素养解决怎么想的问题，道德和法治素养解决怎么做的问题。

【实践课堂】

项目名称: "时代新人说——我和祖国共成长"主题演讲

项目目标: 引导大学生认识自身成长与新时代的内在关系、中国梦和青春梦的关系，确立担当民族复兴大任的历史使命。

项目活动设计：

1.活动内容：结合专题一做担当民族复兴大任的时代新人的内容，以"时代新人说——我和祖国共成长"为主题，用演讲的方式，展现大学生对时代新人的理解、个人与祖国共成长的故事。

2.活动要求：（1）该项目为个人项目。（2）时间为5分钟。（3）演讲内容要结合自身经历，可以涉及大学规划、理想目标等方面。着力个人成长与时代的关系、中国梦与青春梦的关系。（4）演讲过程既要有充实的内容，也要有艺术感染力。有理有情，声情并茂。

项目实施感悟：

_____

_____

_____

_____

_____

【案例解析】

案例1：做党和人民需要的新时代青年

案例导读：

2020年5月，共青团中央发文表彰2019年以来在决胜全面建成小康社会和脱贫攻坚战中，在打赢疫情防控的人民战争、总体战、阻击战中冲锋在前、担当奉献的团员、团干部和各级团组织。青岛职业技术学院2018届毕业生、山东省成武县文亭街道办事处胡庄村疫情防控青年突击队队长王庆荣获全国优秀共青团员称号。

案例呈现：

王庆，男，1997年4月生，青岛职业技术学院艺术学院2018届毕业生，在校期间先后担任学校新媒体中心主席、艺术学院团总支副书记、志愿者协会会长等职，曾荣获山东省高等学校优秀学生干部、山东省优秀毕业生等荣誉称号，多次荣获国家励志奖学金、学院教授首肯奖。

2020年新冠肺炎疫情发生后，王庆主动向共青团成武县委申请，加入青年突击队，用自己的实际行动影响和带动更多的青少年投身农村疫情防控战场，为打赢疫情防控阻击战贡献青春力量。

作为一名共青团员，他坚持以习近平新时代中国特色社会主义思想为指引，积极参加团支部组织的"三会两制一课"，学习各种理论知识，并将社会主义核心价值观作为自己的行动指南，认真学习习近平总书记的系列重要讲话精神，做一个讲政治、有信念，讲规矩、有纪律，讲道德、有品行，讲奉献、有作为的人。

高中时期，王庆积极参加社会公益活动，利用自己的专业知识，协助家乡公益组织创建了网站及微信公众号，不断创新志愿服务新模式，连续两年被县文明办、县志愿者协会评为"优秀志愿者"，并因其在无偿献血服务领域中表现突出，获得了由国家卫生和计划生育委员会及中国红十字会总会等三部门颁发的2014—2015年度全国无偿献血志愿服务奖一星奖。

大学时期，王庆担任学校新媒体中心主席，多次协助老师带领学生骨干成员完成各项重大活动的新闻采编、摄影、采访等重要工作；在学校的支持下，他发起成立了艺术学院志愿者协会并担任首届会长，以"做社会的好公民、做学院的好助手、做同学的贴心人"为己任，立足校内，服务社会，带领广大同学积极投身社会精神文明建设，被评为首届"感动青职"十佳学生，并荣获2016年度山东省高等学校优秀学生干部荣誉称号。

2020年新冠肺炎疫情发生后，放假在家的王庆主动响应党和政府的号召，第一时间向上级团组织写下申请书。在他的带动下，20余名团员青年及志愿者迅速出动，按照就近原则前往周边疫情防控检查点开展信息登记、体温测量等工作。在疫情防控检查点，作为成武县文亭街道办事处胡庄村疫情防控青年突击队队长，他身先士卒，率先垂范，每天早晨八点开始上岗，一直到下午六点换岗，一站就是一天。

疫情期间，王庆的脚步走遍了成武县，先后编写了《吹响战"疫"冲锋号，疫情防控青年突击队在行动》《暖心！疫情期间，成武"蒙面侠"为爱逆行》等12篇新闻稿件，被《山东商报》等多个媒体转载，创作的诗歌作品《那一抹耀眼的红》等两篇原创诗歌作品，发表于中国诗歌网、天下文摘精选等平台，并被《菏泽日报》等媒体转载。

作为青年突击队成员，他积极助力企业复工复产，进入县城家居小镇、医疗器械产业园等工业园区蹲点服务，帮助企业落实消杀防疫、日常防护、人员登记等防控措施；为缓解企业员工返工难的问题，他主动作为，深入社区和村庄，通过摆事实、讲形势做好工人的思想工作，引导他们尽快返厂务工，打通企业复工复产最后一公里，其相关做法被山东卫视、山东教育卫视及山东公共频道等多个省级媒体报道，社会反响良好。

思考解答：

结合案例，谈一谈当代大学生如何做有理想、有本领、有担当的时代新人。

_____

_____

_____

_____

_____

案例2：青春与祖国同在

案例导视：

此片是共青团为纪念五四运动100周年精心打造的文化产品，由共青团中央出品，中国青年报·中青在线承制，邀请了团旗设计者、《五四运动》油画作者——百岁艺术家周令钊先生特别出演，由受广大青年喜爱的演员李易峰担当主演，采用流行的"穿越"方式，让一位新时代青年重回历史，与观众一道，重温100年前那段激情燃烧的岁月。

案例呈现：

https://www.xuexi.cn/a9fa71852b9bce3a874b54da3d6a8b8b/cf94877c29e1c685574e0226618fb1be.html

思考解答：

结合案例，谈一谈你对中国梦的认识。

_____

_____

_____

_____

_____

【综合思考】

如何理解中国特色社会主义新时代的内涵和意义？

_____

_____

_____

_____

_____

_____

_____

_____

_____

_____

【经典书目推荐】

[1]曾参.大学全鉴[M].东篱子,解译.北京:中国纺织出版社,2014.

内容简介:《大学》文辞简约,内涵深刻,影响深远。两千多年来无数仁人志士由此登堂入室以窥儒家之门。《大学》详细地归纳了先秦儒家的伦理道德思想,系统地讲述了儒家安身立命的原则和方法,对现代人如何做人、做事、立业等均有深刻启迪意义。《大学全鉴》将《大学》中的至理名言作为导言,从处世经验和人生励志的角度出发,阐发蕴藏其中的智慧,并以人生处世中的经典案例加以印证,帮助读者深刻理解《大学》这一传世经典中所包含的智慧。

[2]季羡林.季羡林人生十讲[M].北京:现代出版社,2016.

内容简介:本书主要收录了季羡林先生书写人生智慧的文章,共分十讲:第一讲,人生的意义与价值;第二讲,做真实的自己;第三讲,不完满才是人生;第四讲,人间自有真情在;第五讲,一寸光阴不可轻;第六讲,天下第一好事还是读书;第七讲,容忍是一种美德;第八讲,怡情养性自怡然;第九讲,人到无求品自高;第十讲,养生无术是有术。季羡林先生的十堂人生课,浓缩生命的真谛。

【经典视频推荐】

1.电视剧:《恰同学少年》

内容简介:本剧以毛泽东在湖南第一师范的读书生活为背景,讲述了以毛泽东、杨开慧、蔡和森、向警予、陶斯咏等为代表的一批优秀青年风华正茂时的学习生活和他们之间的爱情故事。

视频链接:

http://tv.cntv.cn/videoset/C10650

2.纪录片:《劳动铸就中国梦》

内容简介:6集纪录片《劳动铸就中国梦》以习近平总书记系列重要讲话精神为指导,充分地体现了习总书记关于劳动的重要论断和社会主义核心价值观的基本精神,以"劳动铸就中国梦"为主题,以现实问题为导向,以中国故事为基点,突出思想性,体现生动性,增强传播力。通过拍摄可知、可感的人物故事对"劳动铸就中国梦"这一核心主题进行电视化表现,彰显劳动是中国人骨子里的气质,也是最接地气的一种行为。本片选取具有时代特征的典型人物,用讲故事的方式,充分运用电视画面、场景、细节等表现方式,展现人物内心的真实情感,讲述普通劳动者的故事。

视频链接:

http://tv.cntv.cn/video/VSET100230175027/b0927cf2689f4bc08d2d49cc0aa353de

专题二
确立高尚的人生追求

▲

【习语金句】

无数人生成功的事实表明，青年时代，选择吃苦也就选择了收获，选择奉献也就选择了高尚。青年时期多经历一点摔打、挫折、考验，有利于走好一生的路。

——2013年5月，习近平同各界优秀青年代表座谈时的讲话

【专题导学】

一、学习目标

1.引导和帮助学生系统认识马克思主义的人生观、人生价值理论，通过分析人的生命活动的特征，深入阐释马克思主义认识和解决人生问题的理论立场和根本观念，分析以人生目的为核心的人生观的构成及其意义，说明人生目的、人生态度和人生价值间相互联系、相辅相成的关系。

2.深刻理解马克思主义关于个人与社会关系的基本原理，确立科学高尚的人生观、价值观，深入分析个体和社会之间相互依存、相互制约、相互促进的关系，说明社会主义社会个人利益和社会利益的根本一致性。

3.掌握科学认识和正确处理人生问题的立场、观点和方法。论证"服务人民、奉献社会"的思想及其科学而高尚的品质代表了人类社会迄今最先进的人生追求。

二、重点和难点

（一）重点

1.人生观的内涵及其主要内容。

2.个人与社会的辩证关系。

3.科学而高尚的人生追求。

（二）难点

1.人的本质。

2.自我价值和社会价值的关系。

三、主要学习内容

（一）人生与人生观

1.人的生命活动不同于动物的生命活动，人以社会性实践求得生存和发展。人的实践活动是有意识的，人能够对自己的存在和活动的内容、方式有所"观"，并根据一定的"观"做出选择、采取行动。

2.人生观是人们对人生的总观点和总看法，核心问题是人生的意义。人生观决定着人生道路的方向，也决定着人们行为选择的价值取向和用什么样的方式对待实际生活。有什么样的人生观就会有什么样的人生。人的生命只有一次，理应严肃认真地思考人生，努力领悟人生的真谛。

3.人生观与世界观有密切的关系。对人生意义的正确理解，需要建立在对客观世界发展规律正确认识的基础之上。同时，人生观又对世界观的巩固、发展和变化起着重要作用。

（二）人生目的、人生态度、人生价值

1.人生目的是指生活在一定历史条件下的人在人生实践中关于自身行为的根本指向和人生追求。人生目的是对"人为什么活着"这一人生根本问题的认识和回答，是人生观的核心，在人生实践中具有重要的作用。

2.人生态度是指人们通过生活实践形成的对人生问题的一种稳定的心理倾向和精神状态。人生态度是人生观的重要内容。一个人有什么样的人生观就会有什么样的人生态度。一个人对人生的态度如何，往往又制约着他对整个世界和人生的看法。

3.人生价值是指人的生命及其实践活动对于社会和个人所具有的作用和意义。人生价值内在地包含了人生的自我价值和社会价值两个方面。人生的自我价值和社会价值，既相互区别又密切联系、相互依存，共同构成人生价值的矛盾统一体。

（三）马克思主义关于人的本质的论断

1.马克思关于人的本质的著名论断，为人们认识人生、形成正确的人生观提供了科学的方法论。认识人的本质，只能立足于具体的、历史的社会关系中从事社会实践的人，而不能从抽象的人性论出发来推论，更不能依靠神的启示。

2.任何人都是处在一定的社会关系中从事实践活动的人，都从属于一定的社会群体、同周围的人发生各种各样的社会关系，人们正是在这种客观的、不断变化的社会关系中塑造自我，成为真正现实的、具有个性特征的人。

3.人的社会关系的总和决定了人的本质。正是在一定的社会历史条件下，人们面对各种各样的境遇，在客观的不断变化的社会关系中实践人生，通过现实生活逐渐感悟人生，形成相应的人生观。

（四）科学高尚的人生追求

1.人是社会的人，每一个人都存在和活动于具体的、基于特定历史的现实社会当中。社会属性是人的本质属性。个人与社会的关系问题是认识和处理人生问题的重要着眼点和出发点。

2.个人与社会是对立统一的关系，两者相互依存、相互制约、相互促进。个人与社会的关系，最根本的是个人利益与社会利益的关系，在社会主义社会，二者在根本上是一致的。

3.服务人民、奉献社会的人生追求，以历史唯物主义关于人民群众是历史的创造者的基本观点为理论基础，指明了人在成长和发展过程中应确立的人生目标和方向，代表了人类社会迄今最先进的人生追求。

4.一个人确立了服务人民、奉献社会的人生追求，才能以正确的人生态度面对和解决实际生活中的各种问题，才能掌握正确的人生价值标准，才能懂得人生的价值首先在于奉献，自觉用真善美来塑造自己。

四、学习建议

对本专题的学习，建议学生坚持马克思主义的唯物辩证法，坚持理论联系实际，通过问题导向、自主探究、文献阅读、案例分析、对比分析、交流讨论等学习方法，完成学习任务。

（一）人生与人生观

人生观、价值观、世界观是每个青年人特别是大学生必然要思考的重大问题，但也是比较抽象的问题。

本部分内容，建议学生通过文献阅读法、自主探究法，在感性认识的基础上，深入思考这些人生的重大问题，由形象认知逐步升华到理性认识。比如，阅读名人传记、古今中外关于人生的名言名句、著名作家路遥的作品《人生》。

（二）人生目的、人生态度、人生价值

这是人生观的主要内容，其中，人生目的是人生观的核心，人生态度是人生观的主要内容，人生价值是人生的意义与价值归属。

本部分内容，建议学生结合生活中的典型案例，自主探究学习。比如通过"放羊娃的故事"，化抽象为具体，从而正确理解和掌握这三个概念及其之间的相互关系。

（三）马克思主义关于人的本质的论断

人的本质是什么？如何正确认识人的本质？马克思给出了正确论断。马克思关于人的本质的问题的探讨不是即成的，是伴随着马克思主义的形成而发展并逐步深入的。

本部分内容，建议学生采用问题导向、文献阅读、对比分析、讨论交流等多种方法去历史地、全面地正确认识这个问题。可以带着问题有针对性地去阅读马克思探讨人的本质问题的相关原著，比如《黑格尔法哲学批判导言》《关于费尔巴哈的提纲》《德意志意识形态》，这些著作中都有关于人的本质的深刻论述；也可以阅读《鲁滨孙漂流记》，结合印度狼孩的故事，通过对比学习来正确理解人的本质的社会性；同学之间也可结合现实生活中的典型案例展开积极的讨论和交流，加深对这个难点问题的理解与把握。

（四）科学高尚的人生追求

人是社会的人，社会属性是人的本质属性。个人与社会的关系问题是认识和处理人生问题的重要着眼点和出发点。在社会主义社会，个人利益和社会利益在根本上是一致的。根据马克思历史唯物主义观点，人民群众是历史的创造者。服务人民、奉献社会的人生追求，是青年人在成长和发展过程中应确立的人生目标和方向，代表了人类社会迄今最先进的人生追求。

这部分内容是本专题的落脚点，主要引导同学们确立科学高尚的人生观。我们常说榜样的力量是无穷的，所以建议学生主要采用案例学习法，多渠道收集堪称人生楷模的案例，比如在中华民族伟大复兴征程中涌现出来的无数革命者和建设者，如孙中山、毛泽东、周恩来、钱学森、邓稼先、焦裕禄。特别是2020年春天，在保卫武汉、保卫全中国的抗疫战争中，也涌现出了许多抗疫英雄，如钟南山、李文娟。青年人追求有意义、有价值的人生，当以这些楷模为学习榜样。

【劳模引领】

李元超：从QTC走出的省劳模

2020年5月，山东省总工会表彰了一批先进集体和先进个人，授予350名职工山东省五一劳动奖章、100个集体山东省五一劳动奖状、200个集体山东省工人先锋号。其中，青岛职业技术学院教师李元超获得山东省五一劳动奖章，其所在的机器人教学研发创新团队获得山东省工人先锋号。

李元超是我校海尔学院一名年轻的讲师、中央空调系统操作员高级技师。他爱岗敬业、无私奉献，刻苦钻研技术，技能高超，以其高尚的师德、崇高的敬业精神、精湛的技能，在平凡的教师岗位上取得了不平凡的成绩。几年来，先后荣获山东省青年岗位能手、山东省技术能手、齐鲁首席技师、青岛市首席技师、青岛新区优秀青年人才、青岛西海岸新区优秀拔尖人才等荣誉称号。

李元超作为高职院校的一名教师，始终秉承着一个朴素的教育理念：选择一个自己喜欢的行业，坚持做下去，就一定会成为行业的佼佼者。在工作中他也始终践行着这一理念，取得了一系列骄人的成绩。

2018年，李元超在中国技能大赛首届全国装配式建筑职业技能竞赛中的"中央空调系统安装与维护"赛项中，表现突出，成绩斐然，获得全国第二名的好成绩。

2019年7月1日，人力资源和社会保障部公布《关于授予职业技能竞赛优秀选手全国技术能手荣誉的决定》，李元超榜上有名，获得全国技术能手荣誉称号以及奖章、奖牌和荣誉证书。据悉，全国技术能手的评选表彰工作由国家人力资源和社会保障部组织，旨在表彰具有良好职业道德和敬业精神、技术技能水平在国内处于领先地位的技术人员。

为促进海尔学院机器人专业更好地发展，培养更优秀的智能机器人专业人才，李元超和其他几位老师牵头成立了海尔学院机器人教学研发创新团队。团队还通过成立全国工业机器人应用人才培养中心、青岛市中小企业技术服务中心等方式，积极转化科研成果，为企业切实解决技术攻关、人才培养等难题。

2015年至今，团队被授权国家发明专利7项，其中4项实现科技成果转化；完成校企合作应用技术研发项目15项，为企业创造经济效益1300余万元。2018年，团队研发的"锂电池负压封口机"项目获得"山东省高等学校科学技术奖一等奖"，2019年，团队成员指导学生获得"全国职业院校技能大赛高职学生组工业机器人技术应用比赛一等奖"。

（资料来源：黄岛区政务网）

【问题导学】

1.人从哪里来？人从哪里来，是关乎人与自然关系的一个基本问题。马克思主义认为人从自然进化而来，确立了人作为一种自然物种的基本特性，继而认识人的本质的问题，即世界观是人生观的基础。

2.如何认识人的本质？人既有自然属性，也有社会属性。因为人从自然进化而来，又是自然进化的飞跃。把人与其他动物区别开来的是其社会属性。马克思主义指出，人的本质不是单个人所固有的抽象物，在其现实性上，它是一系列社会关系的总和。

3.如何认识个人与社会的辩证关系？把个人相加就是社会吗？个人与社会的关系体现在利益问题上的情形如何？人的社会性具有什么意义？人的本质问题是从个体角度来分析的，然而社会性是人的本质的重点，社会性就是要把个体置于社会中，个人与社会的关系便成为一个重要问题。

4.什么是人生观？人生观是对人生的不同观点，包含人生目的、人生态度和人生价值三部分。

5.你如何认识人生？你认为人生应该追求什么？什么样的人生追求才是高尚的人生追求？这是把普遍的人生观问题，在学生身上具体化，让普遍的观念转化为自己的认识。

【实践课堂】

项目名称： "我的大学我做主"主题演讲

项目目标： 帮助学生尽快适应大学生活，明确自己的大学生活目标，引导他们积极思考人生的价值和意义，确立科学高尚的人生追求，奉献社会，服务人民。

项目活动设计：

1.活动形式：个人项目。

2.活动展示：课堂展示，时间3~5分钟，脱稿。

3.内容要求：围绕大学生活展开，主要包括大学生活的畅想、个人三年的学习与职业规划、未来人生的奋斗目标等。目标规划要具体明确，结合自己专业和社会需求，切忌空洞、泛泛而谈。

4.其他要求：电子版演讲稿一篇（标题：黑体，四号；正文：宋体，小四号；行间距：1.5倍），PPT和配乐不做统一要求。

项目实施感悟：

_____

_____

_____

_____

_____

【案例解析】

案例1：钟南山，民族的脊梁

案例导读：

17年前，他是抵御"非典"的中流砥柱；17年后，面对新冠肺炎，84岁高龄的他，又一次挺身而出。

案例呈现：

从"非典"到新冠肺炎，钟南山院士一直战斗在抗疫一线。

当很多人都害怕的时候，他坚定不移地给大家足够的信心和安全感——"全国帮忙，武汉是能够过关的，武汉本来就是一个英雄的城市。"

当所有人都在密切关注疫情的时候，他一次又一次地告诉大家准确的消息。1月20日，他说"新冠病毒处于爬坡期，肯定会人传人"时，严重雾霾天也不愿戴口罩的人们，第一次乖乖地戴上了口罩；以前洗手洗脸总是随意任性的小朋友，每次饭前便后都要用肥皂清洗两遍小手。

"钟南山说不动，我就不动；什么时候钟南山说可以动了，我们才动。"这，就是信任！

朋友圈的一张照片刷屏了。2020年1月18日傍晚5时多，在开往武汉的高铁上，这位仰倒在座位上、闭目凝思的老人，让所有人看了都心疼。由于春运高峰座位紧张，临时上车的钟南山只能被安顿在餐车拥挤的一角。

他在深圳连夜抢救感染病人后，直接乘高铁到广州参加会议，会后来不及吃饭，又坐上了这列开往武汉的高铁。

转天一大早，他前往医院观察患者状况、参加会议，会后乘坐飞机赶往北京，直奔国家卫健委。回到酒店时，已是凌晨2点。

从深圳到广州，从武汉再到北京，作为临危受命的国家卫健委高级别专家组组长，钟南山实地了解疫情、研究防控方案、上发布会、连线媒体、解读最新情况……

没有片刻停留，他所到之处带来的都是鼓舞和力量。

在接受央视采访时，他没有丝毫隐瞒，肯定病毒存在人传人状况，源头尚不清楚，但告诫大家尽可能不要碰野味，没有特殊情况，能不去武汉就不去武汉。他说，有信心不让"非典"重演，所以，大家放心。

钟南山声音中气十足，思维清晰明了，每一句都不是好消息，却莫名让人心安。

人们甚至一度怀疑自己的眼睛：这真的是一位84岁老人吗？但不管看起来多么康

健无恙，也不得不承认，他是个年过八旬的老人了。

前些年，他的心脏装了支架，后续出现的心房纤颤让他不得不告别心爱的篮球运动。近些年，他得过甲状腺炎，还做了鼻窦手术，曾经在两个月内暴瘦10斤。

不过在他看来，这些身体的"小毛病"不值一提。在这次新型冠状病毒爆发之前，他依然坚持每周坐诊，定期参加会议，时刻等待再次被召唤，直到临危受命。在和平年代，他鲜少露面；在危难之时，他大显身手。

这种追求，这种向往，是烙印在中华文明里的一种精神，孟子的一句话，特别透彻："穷则独善其身，达则兼济天下"。

思考解答：

钟南山院士身上体现了一种怎样的人生观？我们为什么要确立这样的人生观？

_____

_____

_____

_____

案例2：大国工匠宋彪

案例导视：

2019年5月7日，本视频由CCTV新闻频道《焦点访谈》节目在线播出，主要展现了常州技师学院机械系学生宋彪参加世界技能大赛的精彩片段及其背后的辛勤付出。2017年10月，在第44届世界技能大赛上，首次参赛的宋彪获得工业机械装调项目金牌，并因在所有选手中得分最高获得大赛唯一最高奖——阿尔伯特·维达尔奖，这是中国选手首次获得该项大奖。技能成就华彩人生，2018年宋彪被授予江苏大工匠荣誉称号，2019年荣获第23届中国青年五四奖章。

宋彪将自己的经历寄语同龄人："三百六十行，行行出状元。不管走哪条路，找到自己的兴趣点，通过自身的努力，拥有精湛的技能，一样可以让生命熠熠生辉，让青春充实亮丽。"

案例呈现：

http://news.cctv.com/2019/05/07/VIDEhlraxVv2GEvkra5PVQE6190507.shtml

思考解答：

结合视频，谈谈当代青年应如何实现自我价值与社会价值的统一。

_____

_____

_____

_____

_____

【综合思考】

谈谈当代大学生应如何正确认识和处理个人与社会的关系。

_____

_____

_____

_____

_____

_____

_____

_____

_____

【经典书目推荐】

[1]潘益大.人生就是奋斗[M].上海：华东师范大学出版社，2009.

内容简介：人无远虑，必有近忧。缺少冒险的人生缺乏精彩，同样，无风险管理的人生犹如失控的航船，注定将难以抵达成功的彼岸。所以，在扬帆起航之初就提示若干风险，一点不为过。成功从来难以复制，而失败总是原因相似。

[2]何香久.焦裕禄[M].郑州：河南文艺出版社，2011.

内容简介：该书全方位展示了焦裕禄同志为人民解放事业和社会主义建设事业无

私奉献、忘我奋斗的一生，既浓墨重彩地再现了焦裕禄带领兰考人民战天斗地、建设家园的感人事迹，又真实具体地描绘了他从穷苦少年到参加革命、成长为党的优秀领导干部的人生历程，深入展示了焦裕禄同志自觉践行全心全意为人民服务宗旨、做人民的好公仆的崇高境界和品格。2019年9月23日，本书入选"新中国70年70部长篇小说典藏"。

【经典视频推荐】

1.新闻报道：《习近平的情怀：我将无我，不负人民》

内容简介：2019年3月22日，当意大利众议长菲科问习近平主席"您当选中国国家主席的时候，是一种什么样的心情"时，习近平主席的目光沉静而充满力量，他说，这么大一个国家，责任非常重、工作非常艰巨，他愿为中国的发展奉献自己。习近平主席用行动践行着他的誓言，引领着亿万中华儿女在实现中国梦的伟大征程中砥砺前行。

视频链接：

http://news.cctv.com/2019/03/25/VIDEzQIclSCg4CRTm9FyLg3R190325.shtml?fromvsogou=1

2.新闻报道：《大学生村官投身脱贫攻坚战 九年时间创幸福大家》

内容简介：大学生村官刘文峰毕业后，为实现自己的人生追求，响应党的号召，来到中川村当了一名驻村干部。他扎根山村9年，把美好青春奉献给了中川村，为帮助村民脱贫致富，采取各种精准扶贫措施，带领村民发展各项富民产业。村民过上美好幸福生活的同时，刘文峰也在投身脱贫攻坚战的伟大实践中实现了自己的人生价值。

视频链接：

http://tv.cctv.com/2019/10/15/VIDEcjOyjRxf3ulVS6cvmCfn191015.shtml

专题三
科学应对人生的各种挑战

【习语金句】

在我国社会主义革命、建设、改革的非凡历程中，一代又一代奋斗者顽强拼搏、不懈奋斗，涌现出无数感天动地的英雄模范。他们用智慧和汗水、甚至鲜血和生命，为国家富强、民族振兴、人民幸福书写了可歌可泣的壮丽篇章。各个历史时期的英雄模范都值得我们敬仰和学习。

——2019年9月，习近平对"最美奋斗者"评选表彰和学习宣传活动做出重要指示

【专题导学】

一、学习目标

1.引导和帮助学生运用马克思主义的人生观理论认识和解决人生问题，分析不同人生态度对生活实践的意义，认识到要实现崇高的人生目标，应以认真务实、乐观向上、积极进取的态度对待生活。

2.学会以乐观向上、积极进取的人生态度处理人生矛盾，树立正确的幸福观，科学认识和处理得失、苦乐、顺逆、生死、荣辱等人生矛盾。

3.坚持科学评判人生价值、自觉抵制错误人生观念的影响，阐明人生价值的科学标准和恰当的评价方法，指出实现人生价值应充分认识主客观条件。

二、重点和难点

（一）重点

1.积极进取的人生态度。

2.人生价值的评价与实现。

3.辩证对待人生矛盾。

4.反对错误的人生观。

5.把握正确的人生方向，成就精彩人生。

（二）难点

1.辩证对待人生矛盾。

2.反对错误人生观。

三、主要学习内容

（一）保持积极进取的人生态度

1.明确生活目标和肩负的责任，从人生的实际出发，科学面对人生目的与现实生活之间的矛盾。

2.相信美好生活和光明的前途，热爱生活，以乐观向上、积极进取的态度面对生活中的困难和挫折，迎接人生的各种挑战，在不断开拓奋斗中丰富人生的意义，体验生活的快乐和幸福。

3.人生实践是一个创造的过程。大学生要适应历史发展的趋势，始终保持蓬勃朝气、昂扬锐气，充分发挥创造力，在创新创造中不断领悟美好人生的真谛，不能贪图安逸、满足现状、因循守旧、故步自封，否则人生就会失去应有的光彩。

（二）正确认识和处理人生矛盾

1.树立正确的得失观。个人利益的得失只能部分地衡量人生价值的大小，在奉献社会的过程中才能实现更大的人生价值。不要满足于一时的所得，要积极进取、勇于创新创造。在失意时坚持努力，这样的人生才更有意义。

2.树立正确的苦乐观。苦与乐既对立又统一，在一定条件下二者可以相互转化。奋斗是艰辛的，艰难困苦、玉汝于成。真正的快乐只能由奋斗的艰苦转化而来。

3.树立正确的顺逆观。顺境和逆境是人生历程中两种不同的境遇，二者对人生的作用都是双重的。身处顺境要善于抓住机遇，不断丰富与完善自己；身处逆境要变压力为动力，力争奋进战胜逆境。

4.树立正确的生死观。要牢固树立生命可贵的意识，理性面对生老病死的自然规律。大学生应珍惜韶华，在服务人民、投身民族复兴伟大事业中激发出生命所蕴藏的巨大潜能。

5.树立正确的荣辱观。荣辱是指社会对个人是否履行社会义务所给予的评判，以及个人所产生的自我心理体验。荣辱观是一定社会思想道德原则和规范的体现和表达。大学生要依照以"八荣八耻"为主要内容的社会主义荣辱观确定价值取向，判断行为得失，树立正确的幸福观。

（三）科学评判人生价值

1.人的社会性决定了人生的社会价值。评价人生价值的根本尺度，是看一个人的人生活动是否符合社会发展的客观规律，是否通过实践促进了历史的进步。在今天，衡量人生价值的标准，最重要的就是看一个人是否用自己的劳动和聪明才智为国家和社会真诚奉献，为人民群众尽心尽力服务。

2.坚持能力有大小与贡献须尽力相统一。考察一个人的人生价值，要把个人对社会的贡献同他的能力以及与能力相对应的职责联系起来。

3.坚持物质贡献与精神贡献相统一。评价人生价值，既要看一个人对社会做出的物质贡献，也要看他对社会做出的精神贡献。

4.坚持完善自身与贡献社会相统一。人的自我完善和全面发展、人生自我价值的实现，是社会发展的根本目标；而人生自我价值的实现，又有助于个体为社会创造更大价值。

（四）人生价值的实现条件

1.实现人生价值要从社会客观条件出发。大学生要充分认识社会客观条件，珍惜难得的历史机遇，把自己的人生追求建立在正确把握当今中国社会发展实际的基础上，努力实现自己的人生价值。

2.实现人生价值要从个体自身条件出发，实事求是。大学生要针对自己成长成才过程的实际，注重完善知识结构、丰富社会实践，坚持实事求是的原则，努力客观认识自己，准确把握影响人生价值实现的自身条件。

3.要不断增强实现人生价值的能力和本领。人在实现人生价值的过程中不可避免地要受到客观条件的限制，同时，个人的主观努力在相当大的程度上也决定着人生价值实现的程度。大学生要全面提高自身的综合素质和能力，努力创造实现人生价值的良好条件。

（五）反对错误的人生观念

1.树立科学高尚的人生观、价值观，要学会思考、善于分析、正确抉择，认真学习马克思主义理论，认清在人生问题上的各种错误思想观念的实质，警惕和自觉抵制它们的侵蚀。

2.要自觉反对认为金钱可以主宰一切、把追求金钱作为人生至高目的的拜金主义；反对把享乐作为人生目的、主张人生就在于满足感官的需求与快乐的享乐主义；反对以个人为中心、在认识和处理个人与社会的关系上的极端个人主义。

3.要深刻认识到：拜金主义、享乐主义、极端个人主义等错误的人生观念，没有正确把握个人与社会的辩证关系，忽视或否认社会性是人的存在和活动的本质属性，对人的需要的理解极端、狭隘和片面，其出发点和落脚点都是一己之私利。

（六）把握正确的人生方向

1.树立正确的幸福观。幸福都是奋斗出来的，追求幸福的过程就是不满足于现状、不断追求和创造更美好生活的过程。在追求物质生活水平提高的同时，要更加注重追求人格的高尚，绝不能把自己的幸福建立在损害社会整体和他人利益的基础上。

2.社会实践是实现人生价值的必由之路，同时，人生价值终究要通过自己所从事的事业展现出来。当代大学生担当新时代赋予的历史责任，应当与历史同向、与祖国同行、与人民同在，积极投身实现中华民族伟大复兴的实践。

四、学习建议

本专题"科学应对人生的各种挑战"可以理解为"确立高尚的人生追求"所阐述的科学理论在认识和解决人生问题中的运用，因而在学习中，建议学生坚持马克思主义唯物辩证法，坚持理论联系实际，通过问题导向、自主探究、案例学习、讨论交流、实践体验等学习方法完成本专题的学习内容。自觉运用前一个专题所学的马克思主义人生观理论，有针对性地帮助自己解决生活实践中存在和遇到的各种人生困惑和矛盾。

（一）保持积极进取的人生态度

保持积极进取的人生态度，就是要以认真的态度对待人生，明确生活目标和肩负的责任，从人生的实际出发，科学面对人生目的与现实生活之间的矛盾。要相信美好生活和光明的前途，热爱生活，以乐观向上、积极进取的态度面对生活中的困难和挫折，迎接人生的各种挑战，在不断的开拓奋斗中丰富人生的意义，体验生活的快乐和幸福。大学生要适应历史发展的趋势，始终保持蓬勃朝气、昂扬锐气，充分发挥创造力，在创新创造中不断领悟美好人生的真谛，不能贪图安逸、满足现状、因循守旧、故步自封，否则人生就会失去应有的光彩。

本部分内容，建议学生结合典型案例，通过问题导向，自主探究，完成学习任务，深刻懂得保持积极进取的人生态度的重要意义。

（二）正确认识和处理人生矛盾

矛盾是客观的普遍存在，矛盾无时不有，无处不在，得与失、苦与乐、顺与逆、生与死、荣与辱等矛盾是人生中不可避免的困惑，面对这些矛盾，青年大学生要学会科学应对，正确认识和处理这些矛盾。

本部分内容，建议学生坚持马克思主义的矛盾观，坚持理论联系实际，多收集生活中鲜活的人生案例，通过对比分析、讨论交流，透过现象看本质，正确认识这些矛盾，树立正确的得失观、苦乐观、顺逆观、生死观、荣辱观，从而正确处理自己在人生中遇到的各种矛盾和困惑。

（三）科学评判人生价值

人的社会性决定了人生的社会价值。评价人生价值的根本尺度，是看一个人的实践活动是否符合社会发展的客观规律，是否促进了历史的进步。在今天，衡量人生价值的标准，最重要的就是看一个人是否用自己的劳动和聪明才智为国家和社会真诚奉献，为人民群众尽心尽力服务。

本部分内容，建议学生结合典型案例通过小组讨论自主学习。

（四）人生价值的实现条件

实现人生价值要从社会客观条件出发。把自己的人生追求建立在正确把握当今中国社会发展实际的基础上；实现人生价值要从个体自身条件出发，实事求是；要不断增强实现人生价值的能力和本领。

本部分内容，建议学生结合典型案例通过自主探究学习。坚持实事求是的观点，正确分析现实条件和自身实际；坚持内因是根本，外因是条件，既要从实际出发，又要积极发挥主观能动性，努力创造实现人生价值的良好条件。

（五）反对错误的人生观念

树立科学高尚的人生观、价值观，要坚决反对拜金主义、享乐主义、个人极端主义，自觉警惕和抵制各种错误思想的侵蚀。

本部分内容，建议学生坚持运用理论联系实际的观点和方法学习。学以致用，运用前面学过的马克思主义关于人的本质、个人与社会的辩证关系、科学人生观、人生价值的评判标准和评价方法等人生观理论，科学分析现实生活中存在的各种拜金主义、享乐主义、个人极端主义现象，善于透过现象看本质，认清它们的错误实质，从而树立正确的人生观念。

（六）把握正确的人生方向

首先，要树立正确的幸福观。幸福都是奋斗出来的，在追求物质生活水平提高的同时，要更加注重追求人格的高尚，绝不能把自己的幸福建立在损害社会整体和他人利益的基础上。

其次，要明确社会实践是实现人生价值的必由之路。人生价值终究要通过自己所从事的事业展现出来。当代大学生担当新时代赋予的历史责任，应当与历史同向、与祖国同行、与人民同在，积极投身实现中华民族伟大复兴的实践。

本部分内容，建议学生结合典型案例或自身实践体验，通过自主探究、讨论交流完成学习。

【劳模引领】

邢军：年轻的"老"劳模

2010年，河北唐山曹妃甸实业港务有限公司的邢军被评为全国劳动模范，那一年他只有28岁。他是唐山市获评全国劳动模范的人里最年轻的。

"值班长，值班长，7号车检修同步轴螺栓。""好，收到！可以检修，注意安全。"作为卸船二队甲班值班长，邢军手里的对讲机时时响起，在和记者交谈的同时，下达着各项指令。2019年"五一"国际劳动节到来之际，记者来到唐山曹妃甸实业港务有限责任公司，近距离感受全国劳动模范邢军的风采。

"没有老师带更不能比别人差"

1982年出生的邢军，2005年大学毕业后来到唐山曹妃甸实业港务有限公司，被分配到卸船机工作。邢军刚刚步出校门接触这个全新的领域，虽然理论培训时他各项成绩名列前茅，而卸船机司机要掌握好卸船机的技术还需要师傅传授指导。可是当时公司刚刚组建，徒弟多、师傅少，很多学生因为没分到师傅而打了退堂鼓，离开了公司。邢军虽然也没有师傅带，心里想的却是"没有老师带更不能比别人差"，憋着一股劲儿一定要有一门过硬的技能，而且干就干到极致。

没有师傅教，邢军就自己摸索，遇到技术难题实在想不明白，就去"偷师"。"当时常常晚上不睡觉，到卸船机上去练'抓斗'，往往一练就练到后半夜。"就是靠着这种勇于付出、不怕吃苦的精神，邢军刚刚工作一年就被公司提拔为卸船机司机甲班班长。

邢军在实践中总结经验与操作技巧，带领班组成员在以往的工作基础上摸索出了一套满斗作业卸船操作方法，共同切磋研究出"一抓准""抛物线运钩"等一系列拿手"绝活儿"。135067吨、151985吨……邢军凭着过硬的技术和要干就干到极致的精神，带领班组刷新了一个又一个的全国单日接卸纪录。邢军也先后获得了2007年唐山市劳动模范、2008年河北省五一劳动奖章、2009年度河北省劳动模范，并于2010年获得全国劳动模范荣誉称号。

"什么时候都要有危机意识"

邢军在一线管理工作中，始终干劲儿十足。"什么时候都要有危机意识，正是危机意识，促使着我在工作中努力地干，学习新的知识，给自己充电，不断地充实自己。"公司在国内率先配置了两台单机卸船能力为3800吨/小时的连续式环保型链斗式卸船机，当时国内还没有同类机械的操作方法，生产厂家只负责安装，没有技术培训。邢军只好通过一遍遍地观看国外同类机械的操作视频，查阅相关文献，借鉴其他卸船机的操作流程，一步步地研究总结出了链斗机的取料作业方法。在研究出链斗机料仓取料作业方法后，邢军并没有怕麻烦，又开始研究怎么提高链斗机的工作效率，来达到设计接卸能力。正是基于危机意识，"如何使卸船效率再提高"永远是邢军思考的问题，"如何将想法变换成产量"永远是他探索的动力。

作为一名"80后"，邢军不仅自己练就了一身过硬的技术，还不忘"传、帮、带"，将自己的技术毫无保留地传授给新来的同事，邢军说，看着他们就想到曾经的自己进入卸船这个新领域的不易。对于部门新分来的员工，邢军为了让他们少走弯路、尽快熟悉并掌握岗位操作技术，耐心提示、反复示范，把自己掌握的技术和总结出来的工作方法毫无保留地传授给他们。现在，有些人已成为独当一面、技术过硬的操作骨干。每个人的领悟能力是不同的，甲班就出现过这样一名司机，他对于卸船这个新的领域有些畏惧，每天惶恐地总是怕出错误，作业时畏首畏尾。邢军发现后，主动找他谈心，并约他在没有作业任务时单独练车，为了一个动作反复操作几个小时，"停稳大车，动作要轻，掌握好力道，用心去感受，人车合一，下面的抓斗就是你自己的手，要它如何做，你才是统领者，变被动为主动……"就这样一边帮他补理论，一边赶操作，现在这名司机已经成为部门的操作能手。

（资料来源：唐山环渤海新闻网）

【问题导学】

1.什么是积极进取的人生态度？如何培育积极进取的人生态度？理解人是有意识、有能动性的，积极进取的人生态度与人的社会性、能动性相适应。即，进取是符合人的本质属性的正确态度。

2.人生价值评价的根本尺度、标准、方法及实现条件是什么？既然社会性是人的本质属性，那么社会性也是人生评价的基本原则。

3.如何树立正确的幸福观、得失观、苦乐观、顺逆观、生死观、荣辱观？在以上重大的人生问题面前，个体做出的选择，体现着不同的人生观和人生境界。

4.为什么要反对拜金主义、享乐主义、极端个人主义？这些负面的人生观点，与我们提倡的人生观有什么不同呢？

5.如何成就出彩人生？回到自身，思考自己的人生问题。

【实践课堂】

项目名称：讲述"最美奋斗者"的感人故事

项目目标：青春的底色是奋斗，奋斗的人生最美丽，在追求美好生活、实现中国梦的伟大实践中，涌现出了无数感人的"最美奋斗者"。学习他们面对人生困境和挑战，积极应对、砥砺前行、无私无畏的奋斗精神，激励大学生牢固确立科学高尚的人生追求，在服务人民、奉献社会、为国担当的伟大奋斗中实现自己的人生价值，成就出彩人生。

项目活动设计：

1.活动形式：以个人参与为主，也可2~3人组成小组参与，但小组每个成员都要有明确的任务。

2.活动展示：课堂展示，时间3~5分钟，脱稿。

3.内容要求：围绕人生奋斗主题展开，人物典型，事迹感人，突出亮点细节，切忌空泛无物。

4.其他要求：电子版故事稿一篇（标题：黑体，四号；正文：宋体，小四号；行间距：1.5倍），PPT和配乐不做统一要求。

项目实施感悟：

_____

_____

_____

_____

_____

【案例解析】

案例1：致敬"最美逆行者"

案例导读：

2020年新冠肺炎疫情爆发，在党的英明领导下，全国上下众志成城，协同作战，共同抗疫。在"武汉保卫战"中，随着党中央一声号令，成千上万名医护人员义无反顾地从全国各地"逆行"武汉。钟南山和李兰娟两位院士也毅然请缨，奔赴抗疫最前线。

除了这些"逆行"的医护人员，还有许许多多其他的"逆行者"：志愿者、物资运输者、雷神山和火神山医院建设者等，其中很多都是默默无闻的平凡人，但在祖国和人民需要的关键时刻，他们却不顾个人安危，舍小家而顾大家，勇敢"逆行"。哪有什么岁月静好，只不过是有人为我们负重前行，这些"最美逆行者"值得我们尊敬。

案例呈现：

主动请缨去武汉的"国宝"院士李兰娟

李兰娟以国家卫健委高级别专家组成员的身份去武汉调查"不明原因肺炎"是在2020年1月18日，武汉新增确诊病例终于归零是3月18日，整整两个月，李兰娟的生活重心全是武汉。

这原本并不是一座浙江人熟悉的城市，这原本也不会是一位73岁院士的日常，但跨过了生死门的武汉会记住李兰娟的名字，全国人民也记住了这位伟大的"逆行者"。

有一种大爱，叫"舍小家为大家"

河南省扶沟县，程大哥的爱人刘海燕是一名战斗在抗击疫情一线的护士，在一线奋战多天没有回家。程大哥包上饺子，带上女儿一起给她送过去。

为避免传染，面对女儿的想念，刘海燕只能隔空与女儿拥抱，安慰她说："妈妈在这儿打怪兽呢，等战胜病毒了妈妈就回去了！"看着泣不成声的一家三口，任谁也难以抑制感情。

骑行4天3夜辗转300公里——"95后"女孩的抗疫之路

"95后"女孩甘如意在武汉江夏金口中心卫生院范湖分院化验室工作，春节前她本已回到湖北荆州老家，得知单位人手紧张，她靠手机导航骑行300多公里辗转4天3夜，终于抵达单位上班。

4天3晚，风雨交加，疲劳饥饿，暗夜荒野，长途漫漫，对于一个普普通通的"95后"女孩来说，该是多么严酷的挑战！

"沉默的英雄"——武汉火神山、雷神山医院的建设者

在武汉，火神山、雷神山医院的建设牵动着全国人民的心。"两山"医院的顺利建成和投入运行，向全世界展示了"中国速度"，而在这惊人的速度背后，有一群勇敢坚毅的建设者，他们放弃与家人春节假期的团聚，用滚烫的赤诚热血奋斗在战疫的一线。

思考解答：

这些"逆行者"共同的人生追求是什么？结合人生价值的评价标准，谈谈如何实现你的人生价值。

_____

_____

_____

_____

案例2：张富清：英雄本色

案例导视：

2019年4月14日，为宣传英雄模范张富清的先进事迹，CCTV-13新闻频道《面对面》节目为您讲述战斗英雄张富清的传奇人生。战争年代，他冲锋陷阵、战功赫赫，和平岁月，他深藏功名、默默奉献，从人民功臣到人民公仆。

张富清，中国建设银行湖北省分行来凤支行离休干部，原西北野战军359旅718团2营6连战士，在解放战争的枪林弹雨中九死一生，先后荣立一等功3次、二等功1次，被西北野战军记特等功，两次获得战斗英雄荣誉称号。1949年后，他响应国家号召主动到偏僻的湖北来凤县工作，为贫困山区奉献一生。

案例呈现：

http://tv.cctv.com/2019/04/14/VIDEFCkiLAQAyyiC2Ckwdeec190414.shtml?spm=C94212.PHl7G8tjHw9V.S97840.9

思考解答：

结合张富清的传奇人生，谈谈如何创造有意义的人生。

_____

_____

_____

_____

【综合思考】

谈谈青年一代如何成就出彩人生。

_____

_____

_____

_____

_____

_____

_____

_____

_____

【经典书目推荐】

[1]中央党校.习近平的七年知青岁月[M].北京：中共中央党校出版社，2017.

内容简介：1969年1月，习近平来到陕西省延川县文安驿公社梁家河大队插队落户，直至1975年10月。这组采访实录共采访了29人，其中既有同他一起插队的北京知青，又有同他朝夕相处的当地村民，还有当年同他相知相交的各方面人士。这些受访者通过自己的亲身经历，用真实的历史细节讲述了习近平总书记当年的经历，再现了习近平总书记知青时期的艰苦生活和成长历程。

这部书，是当代青年树立正确人生观、励志成才的鲜活教材，是党员干部锤炼党性、提升素质的生动范本，也是国际社会全面深入了解中国共产党领导人的珍贵历史资料。

[2]林承谟.钱三强的故事[M].武汉：华中科技大学出版社，2013.

内容简介：本书从钱三强出生讲起，"年少志气高"讲述了少年时期聪明好学的钱三强。本书还包括"与原子结缘""响应新中国的召唤""引爆原子弹""动乱中的艰苦抗争""星勋光犹存"几部分，以钱三强的学业和事业发展为主线，通过对钱三强目睹外强入侵、海外求学、为报效国家回国、勤勤恳恳地在祖国的原子能事业中奉献自己的经历描写，为我们呈现出钱三强勤奋、严谨、好学、爱国、奉献的一生。

【经典视频推荐】

1.新闻报道:《大国工匠曹彦生》

内容简介：在中国航天科工二院的生产基地，一项新的挑战即将开始——他们要加工一批特殊的零件，一斤重的航天铝合金毛坯要铣加工到只有三克，而且不能有任何变形。能挑战这个加工精度的，只有曹彦生。曹彦生是中国航天科工二院的传奇人物，24岁就成为最年轻的高级技师，被赞为"为导弹'雕刻'翅膀的人"。

视频链接：

https://v.qq.com/x/page/u0865w6b93i.html

2.演讲：《等待》

内容简介：邓稼先（1924—1986），九三学社社员，中国科学院院士，著名核物理学家，中国核武器研制工作的开拓者和奠基者，为中国核武器、原子武器的研发做出了重要贡献。邓稼先是中国核武器研制与发展的主要组织者、领导者，邓稼先始终在中国武器制造的第一线，领导了许多学者和技术人员，成功地设计了中国原子弹和氢弹，把中国国防自卫武器引领到了世界先进水平。

1982年获国家自然科学奖一等奖，1985年获两项国家科技进步奖特等奖，1986年获全国劳动模范称号，1987年和1989年各获一项国家科技进步奖特等奖。1999年被追授"两弹一星功勋奖章"。由于他对中国核科学事业做出了伟大贡献，被称为"两弹元勋"。邓稼先在一次实验中受到核辐射，身患直肠癌，于1986年7月29日在北京不幸逝世，终年62岁。

视频链接：

https://www.iqiyi.com/v_19rsgiw21g.html

专题四
理想信念的内涵与作用

▲

【习语金句】

今年是决胜全面小康、决战脱贫攻坚的收官之年，也是实现"两个一百年"奋斗目标的历史交汇之年。新时代中国青年要继承和发扬五四精神，坚定理想信念，站稳人民立场，练就过硬本领，投身强国伟业，始终保持艰苦奋斗的前进姿态，同亿万人民一道，在实现中华民族伟大复兴中国梦的新长征路上奋勇搏击。

——2020年5月3日，习近平向全国各族青年致以节日的祝贺和诚挚的问候

【专题导学】

一、学习目标

1.使大学生深入认识和理解理想、信念的科学含义，学会辨析不同性质和层次的理想信念。

2.正确认识理想与信念的辩证关系，深刻认识确立坚定的理想信念对新时代大学生成长成才的重要意义。

3.大学生要努力将个人的奋斗志向同国家和民族的前途命运紧紧联系在一起，把个人的学习进步同祖国的繁荣昌盛紧紧联系在一起，让崇高科学的理想信念之花结出丰硕的成长成才之果。

二、重点和难点

（一）重点

1.理想的含义、类型及其基本特征。

2.信念的含义及其基本特征。

3.理想信念的重要作用。

（二）难点

理想与信念的相互关系。

三、主要学习内容

（一）理想的含义、类型及其基本特征

理想是人们在实践中形成的、有实现可能性的、对未来社会和自身发展的向往与追求，是人们的世界观、人生观和价值观在奋斗目标上的集中体现。理想具有超越性、实践性、时代性。

从不同的角度可以把理想划分为许多类型。从性质上划分，理想有科学理想和非科学理想、崇高理想和庸俗理想之分。从时间顺序层面可分为长远理想和近期理想。从对象上可分为个人理想和社会理想，个人理想主要包括生活理想、职业理想和道德理想等；社会理想是一定社会的阶级或个人对未来社会制度和政治结构的追求和向往，是对未来社会面貌的全方位的预见和设计。

（二）信念的含义及其基本特征

信念是人们在一定的认识基础上确立的对某种思想或事物坚信不疑并身体力行的心理态度和精神状态，具有执着性、稳定性和多样性等特征。

（三）理想与信念的相互关系

理想和信念是同一类精神现象中的两个方面，二者相互依存、相互渗透、相互融合，形成统一的理想信念。理想主要表示人与奋斗目标之间的关系，它是指向未来的，为人们的行动指明方向。信念则主要表示人对事物、观念的看法和态度，它是面向现在的，为人们的行动提供精神动力。

（四）理想信念的重要作用

习近平总书记说："理想信念就是共产党人精神上的'钙'，没有理想信念，理想信念不坚定，精神上就会'缺钙'，就会得'软骨病'。"理想信念的重要作用主要表现为三个方面：一是昭示奋斗目标；二是提供前进动力；三是提高精神境界。

四、学习建议

本专题，学生可通过文献查阅、经典阅读的方法进行学习。

1.查阅、学习《平"语"近人——习近平总书记用典》第十一集《咬定青山不放松》解说词，受经典理论启发，深刻学习理解理想信念的内涵。

2.阅读分享《习近平的七年知青岁月》，充分领悟青年习近平矢志不渝的理想追求，深刻理解理想的超越性、实践性、时代性特点以及理想信念之间的关系。

3.学习习近平2020年5月3日致全国各族青年的节日祝贺和诚挚问候、2019年4月30日在纪念五四运动100周年大会上的讲话等，从而深刻理解理想信念对大学生成长成才的意义以及国家对青年人的期望。

【劳模引领】

郭锐：QTC校友、"高铁工匠"

郭锐，1997年参加工作，于2000年进入青岛职业技术学院机电工程专业学习，现为中车青岛四方机车车辆股份有限公司钳工首席技师、中国中车首席技能专家、中国中车"高铁工匠"，他是第十三届全国人民代表大会代表，曾获得"全国五一劳动奖章""最美铁路人""全国技术能手""中央企业技术能手""山东省首席技师""青岛市劳动模范"等多项国家、省、市级荣誉。

谦虚谨慎勤奋，成就"金蓝领专家"

郭锐从小就梦想当钳工。工作后，他下决心练一手"绝活儿"。他心怀梦想，凭着勤奋好学、善于钻研，能手工打造千分之五毫米精度的零件，攻克了高铁转向架多项装配技术难题。

2006年，中车四方股份公司引进时速200公里高速动车组，29岁的郭锐凭借扎实的技能功底担负起转向架组装、试验的重担。

高速动车组转向架是动车组的核心组成部分，不仅承载着列车的整车重量，还承载着列车的牵引及制动，更承载着旅客的人身安全。动车组技术引进之初，国内在转向架装配数据、装配关系、工作原理等领域的研究尚属空白，郭锐靠自己摸索，一边学习、一边分析，不停地做装配论证试验，当时仅查阅的零件、部件等图纸和资料堆积起来就有两米高，工作笔记约十万字。不到两个月，他就带领团队克服了高速动车组组装的多项操作难题。

高速动车组转向架大批量制造后，原有的装配效率跟不上进度需求。为破解这一难题，郭锐和技术团队结合不同车型转向架的装配工艺，开拓性地建立了模块化、标准化的高速动车组转向架装配作业体系，以此为基础，郭锐组织编制的《高速动车组转向架装配作业要领书》《高速动车组转向架检验要领书》成为高速动车组转向架组装作业及施工质量保证的指导"宝典"。

创新成果解疑难，弘扬大国工匠精神

中车四方股份公司自主研制的新一代CRH380A型高速动车组，设计运营速度为时速380公里。从时速200公里到时速380公里，转向架轮对转速提升近两倍，对振动频率、振动载荷、路况条件等的要求更为苛刻，转向架的装配质量成为CRH380A型动车组自主研发的关键性难题。

郭锐带领技能团队夜以继日地进行现场试制，从尺寸检测、数据分析计算、装配

工艺优化、性能试验分析、装配尺寸调整等入手，对每一个零件、部件的装配尺寸、装配精度进行验证，历时一个多月时间将拥有国家完全自主产权的CRH380A型转向架组装完成。

郭锐坚持在工作实践中创新，有效破解装配工艺、质量控制中的多项技术难题，提高了动车组装配效率和质量水平。他先后独创了10项绝技和先进操作法。他独创的"动车组转向架四点等高支撑调整作业先进操作法"开创了行业先河，使转向架的装配效率由原来的日产4辆提升至目前的日产16辆，装配精度和装配质量大幅提升，仅此一项，累计为公司创造效益1500多万元。

模范引领传技艺，用平凡践行不凡

作为中国中车"郭锐技能大师工作室""郭锐劳模创新工作室"和青岛市"郭锐劳模创新工作室"负责人，郭锐还担负着为企业乃至行业培养高技能人才的使命。他将自己总结编写的《钳工基本技能竞赛试题解析》《车辆钳工专业技能培训解析》等培训教材无私赠送，培养的徒弟中，13人获聘为中车核心技能人才。近年来，他带领高技能人才团队共同完成公司级各类攻关课题、各类改善提案，编制、审核作业要领书并解决现场棘手技术难题等，累计为公司创造效益4000多万元。

（资料来源：青岛新闻网、青岛职业技术学院网站）

【问题导学】

1.什么是理想？理想具有哪些特征？理想是人生的目标，它与我们日常的具体事件的目标和阶段目标不同，具有终极性。理想作为人生的终极目标，它来源于现实又超越现实，它指导实践又在实践中实现，体现时代精神又引导时代前进。

2.什么是信念？信念有哪些特征？信念是一种人生坚守，具有执着性和多样性，是理想得以实现的精神支撑。

3.理想信念对人生有什么作用？理想信念决定着人生的方向和人生的坚守，理想信念是精神之"钙"。有理想信念，人生就不迷茫、不彷徨、不犹豫、不反复，也就是说人生就会坚定。

【实践课堂】

项目名称：走近校友，体悟理想

项目目标：探访优秀校友郭锐的成长、发展历程，分享感悟，深切体悟优秀校友郭锐的理想追求和为实现理想刻苦钻研、勤学苦练的敬业精神。

项目活动设计：

1.至少提前一周布置同学们通过查阅资料、实际访谈等方法，全面了解郭锐的梦想、成长、发展历程，深切体悟他个人的理想追求和为实现理想刻苦钻研、勤学苦练的敬业精神。

2.各班以小组为单位完成，以PPT课件形式，在课堂上分享成果。

3.分享内容至少包括以下内容：郭锐从梦想成为一个钳工，到成为"高铁工匠"的成长、发展历程；你感受最深的是什么；让青春在工作中闪光，你的计划和路线图是怎样的。

项目实施感悟：

_____

_____

_____

_____

_____

【案例解析】

案例1：立鸿鹄志，砥砺追求理想信念

案例导读：

百余年前，梁启超曾发出"少年强则国强"的呼喊。

党的十八大以来，习近平多次通过考察、座谈、回信等各种方式同广大青年交朋友，说知心话，关注青年成长成才，勉励青年并寄予期望。

让我们一道从青年朋友的知心人习近平的青春故事出发，感悟其中的深刻启示。

案例呈现：

每每与青年对话，习近平无不嘱托青年"立大志""坚定理想信念""担当复兴大任"，言之谆谆，意之殷殷。回望习近平的青年时期，正是在梁家河村里树立的远大理想指引了他日后的人生方向，"为民做实事"的信念萌生、扎根生长并且在创业奋斗中不断升华，他向着目标一步步砥砺前行。

1969年1月，15岁的习近平来到陕西省延川县文安驿公社梁家河村插队落户，直至1975年10月才离开。"15岁来到黄土地时，我迷惘、彷徨；22岁离开黄土地时，我已经有着坚定的人生目标，充满自信。作为一个人民公仆，陕北高原是我的根，因为这里培养出了我不变的信念：要为人民做实事！"习近平在2002年发表的《我是黄土地的儿子》一文中深情回忆。2015年春节前夕，习近平再次回到梁家河看望父老乡亲时，他动情地说："人生，我的第一步迈出来，就是到咱们梁家河，在这里选择了我的道路。我从那个时候我就说，今后如果有条件有机会，我要从政，要做一些为老百姓办好事的工作。"2015年在英国伦敦金融城市长晚宴上讲话时，习近平再次提到了自己年轻时立下的信念，"年轻的我，在当年陕北贫瘠的黄土地上，不断思考着'生存还是毁灭'的问题，最后我立下为祖国、为人民奉献自己的信念"。

"为民做实事"，质朴而又铿锵有力。从梁家河到正定，从福建到浙江，从上海到中央，习近平挑起了越来越重的担子，但更多百姓过上了好日子，他心中的这份"从心底里热爱人民，把老百姓搁在心里"的理想初心从未改变。

（资料来源：人民网）

思考解答：

1.习近平在梁家河插队的几年里，立下了什么样的理想信念？

_____

_____

_____

_____

2.你认为理想的内涵特征是什么？信念的内涵特征是什么？

_____

_____

_____

_____

3.从习近平的青春故事中大学生应受到什么启发？

_____

_____

_____

_____

案例2：青春答卷

案例导视：

一百多年前，一批进步青年在五四运动中，满怀着对祖国和人民的赤子之心，谱写出壮丽的青春之歌。今天，以"90后"和"00后"为代表的青年人，在抗击新冠肺炎疫情的战场上满怀理想、挺身而出、担当奉献，再次彰显出青春的蓬勃力量。

案例呈现：

http://www.xinhuanet.com/video/2020−05/04/c_1210603211.htm

（资料来源：新华网）

思考解答：

1.北京大学第三医院危重医学科护师张佳男接受采访，在她的回答中，是什么促使她走上抗疫前线，深入病人当中？大学生从中受到什么启发？

2.理想的类型有多种，根据不同的标准，你认为理想有哪些类型？

【综合思考】

谈谈理想信念对大学生成长成才的重要意义。

_____

_____

_____

_____

_____

_____

_____

_____

_____

【经典书目推荐】

[1]刘小茜.理想点亮人生[M].北京：国家行政学院出版社，2012.

内容简介：人生好比大海，只有拥有理想的人才能把握好航船的方向，达到幸福的彼岸；人生犹如攀岩，只有拥有理想的人才能登上高峰；人生恰似旅行，只有拥有理想的人才能达到心中的乐土。人生道路上充满了许多困难，没有崇高的理想、坚强的意志就不可能克服这些困难。理想决定了人生的高度，想要更高就要怀着崇高的理想。本书围绕理想与人生的话题展开，能够帮助读者树立正确崇高的理想，找到通向成功的道路。

[2]刘建军，等.信仰书简：与当代大学生谈理想信念[M].北京：中国青年出版社，2012.

内容简介：本书是十几位高校教师写给学生们的几十封书信。这是些普通的信件，但其中讨论的却是一个不寻常的话题——信仰。在娓娓道来的家常话语中，在充满个性的思路言说中，师生们探讨了人类心灵世界中的这一敏感而奇妙的话题。什么是信仰，怎样把握信仰？信仰对社会有何意义，对人生有何意义？是否每个人都需要信仰，是否人人都具有信仰？当代大学生应该做出怎样的信仰选择，树立起怎样的信仰呢？

【经典视频推荐】

1.百家讲坛：《平"语"近人——习近平总书记用典》第十一集《咬定青山不放松》

内容简介：主要讲述了习近平总书记关于理想信念的思想，通过围绕习近平总书记在系列重要讲话和报告中运用的古代典籍，如"志之所趋，无远勿届，穷山距海，不能限也。志之所向，无坚不入，锐兵精甲，不能御也""位卑未敢忘忧国""咬定青山不放松，立根原在破岩中。千磨万击还坚劲，任尔东西南北风"等典故，从"为什么要有理想信念""应该树立什么样的理想信念"和"怎样坚持理想信念"这三个问题出发，结合社会主义现代化建设中的生动案例，采取摆事实、讲道理的方式，激励大家树崇高理想信念、抱满腔家国情怀，不忘初心，砥砺前行，为实现中华民族的伟大复兴而奋斗。

视频链接：

https://v.qq.com/x/page/o0832sgzc1k.html

2.电视剧：《长征1：长征是理想和信念的播种机》

内容简介：长征是理想和信念的播种机。它播下了无数革命的种子，80多年来不断破土、发芽、开花、结果，成长出一批又一批国家栋梁之材。

视频链接：

http://tv.cctv.com/2016/10/13/VIDEzOyTSeuppIJ7JfNkS0Na161013.shtml

专题五
确立崇高科学的理想信念

▲

【习语金句】

革命理想高于天。中国共产党之所以叫共产党，就是因为从成立之日起我们党就把共产主义确立为远大理想。我们党之所以能够经受一次次挫折而又一次次奋起，归根到底是因为我们党有远大理想和崇高追求。

——2016年7月1日，习近平在庆祝中国共产党成立95周年大会上的讲话

【专题导学】

一、学习目标

1.使新时代大学生深刻认识坚定崇高科学的理想信念的重要性。

2.准确把握马克思主义信仰、中国特色社会主义共同理想、共产主义远大理想的科学内涵和基本特点，充分认识正确理想信念的科学性质和崇高价值。

3.正确认识和处理践行理想信念过程中的重大关系，把个人理想与社会理想结合起来，在为实现中国梦而奋斗的实践中放飞青春梦想。

二、重点和难点

（一）重点

1.中国特色社会主义是我们共同的理想。

2.胸怀共产主义远大理想。

3.理想与现实的关系。

4.个人理想与社会理想的统一。

（二）难点

1.为什么要信仰马克思主义。

2.中国特色社会主义是我们共同的理想。

3.胸怀共产主义远大理想。

4.理想与现实的关系。

5.个人理想与社会理想的统一。

三、主要学习内容

（一）树立崇高科学的理想信念的重要意义

1.理想信念不是抽象的，而是具体的。

2.不同的信仰所起的作用是不同的。

3.树立科学信仰是一个自觉地进行信仰选择的过程。

（二）崇高科学的理想信念的主要内容

1.马克思主义科学信仰。马克思主义是科学真理，具有鲜明的实践品格，突出体现了科学性与革命性的统一，具有持久生命力。

2.中国特色社会主义共同理想。在中国共产党领导下坚持和发展中国特色社会主义，实现中华民族伟大复兴的中国梦，把我国建设成为富强民主文明和谐美丽的社会主义现代化国家，是现阶段我国各族人民的共同理想。

3.共产主义远大理想。共产主义社会是物质财富极大丰富、人们精神境界极大提高、每个人自由而全面发展的理想社会。共产主义远大理想是马克思主义信仰的重要内容，是中国特色社会主义共同理想所指向的最终目标。

（三）树立坚定信念，实现远大理想

1.处理好理想与现实的关系。理想和现实是对立统一的，现实是理想的基础，理想是现实的升华和发展趋势。

2.处理好个人理想与社会理想的关系。个人理想是指个体对于自己未来的物质生活、精神生活所形成的向往和追求，社会理想是社会集体乃至社会全体成员的共同理想，即在全社会占主导地位的共同奋斗目标。

3.中国梦是民族振兴、国家富强、人民幸福之梦，是中国社会主义事业兴旺发达之梦，也是每个大学生的成长成才之梦。

四、学习建议

本专题学生可通过文献查阅、经典阅读、教材知识点＋时事热点＋学生关注点相结合的方法进行学习。

1.结合专题四的学习，通过研究、比较等方法学习"树立崇高科学的理想信念的重要意义"。

2.研读《〈共产党宣言〉与新时代》《习近平在中国共产党第十九次全国代表大会上的报告》等，寻根溯源，探究信仰马克思主义的原因并结合中国实际，深刻学习崇高科学的理想信念。

3.研读习近平给北京大学援鄂医疗队全体"90后"党员的回信、2018年5月2日习近平在北京大学师生座谈会上的讲话等，深刻理解青年学生如何树立坚定信念，实现远大理想。

【劳模引领】

葛钰：入职3年的26岁女工程师成铁四院史上最年轻女劳模

2020年4月，26岁的铁四院工程师葛钰被授予湖北五一劳动奖章，成为铁四院史上最年轻的女劳模。

在轨道交通设计这个需要丰富经验的行业里，让入职三年的"90后"女孩葛钰一战成名的，就是她所在团队打造的杭州艮山门运用所项目，这座动车运用所，可以说是为高铁打造的豪华"4S"店。

艮山门运用所位于西湖城区东北角，南临京杭运河，南北向长达3公里，是隔离城市空间的一道裂痕。为弥补城市裂痕，该项目提出一体化上盖综合开发，2018年3月对设计单位进行全球招标，铁四院联合体拿出的"遇见杭州未来的时空之门"设计理念最终中标。2019年9月，在湖北省勘察设计职工技能大赛中，葛钰发布的艮山门运用所创新成果"路地融合城市之门，智创宜居首善之所"获工业工程类一等奖（全省仅3项）。

葛钰说，上盖综合开发说形象点，就是给运用所加个盖子，而后在盖上通过综合开发实现动车所与城市的融合。2017年她刚入职铁四院就进入这个重点项目团队，设计工艺流线布局。这项吃重的工作对她来说挑战极大，地铁车辆段有这样的设计先例，但国铁上盖开发，是零的突破。方案多次调整，一次次推倒重来，葛钰说不清自己画了多少图，流了多少汗。她说，最关键是限界的问题，要找到平衡点，到底是一线一跨、两线一跨还是三线一跨，做了大量计算和建模。可以说，天天在加班、出差和熬夜中度过。

人才是熬出来的，她创新性地提出两级四场的工艺布局，足以保证杭州东站及杭州站动车组检修工艺顺畅，方案经项目团队优化及内部评审后，得到铁路总公司高度认可。

对于入职后的第一个作品，葛钰倾尽心血，务求尽善尽美。她多次实地考察地铁上盖车辆段现场，得知上盖会使盖下作业环境压抑，她当即回汉和总工程师沟通，团队开会讨论到凌晨两点，讨论后提出利用智能化手段减轻盖下作业人员工作强度，将运用所打造成一所以人为本的智能化医院。

在完成艮山门动车运用所项目的同时，葛钰还承担了温州市域S1线、武汉光谷中央生态大走廊"空轨"项目等20余个相关国铁、市域以及地铁项目设计。

至今，葛钰获得发明专利8项，实用新型2项，发表论文2篇。三年的奋斗，她为自己工作的第一阶段提交了一份完美的答卷。葛钰说，"湖北五一劳动奖章"这份荣誉将激励她继续跑步前进，设计是一个需要经验去支撑的职业，她还年轻，提升和进步的空间很大，要走的路很长。年轻人当然要奋斗。

（资料来源：长江日报）

【问题导学】

1.理想信念是如何形成的？社会理想是社会普遍认可的共同追求，是对在社会历史发展规律的认识基础上提出的人类社会进步的指引。社会理想被个人接受并认同，就形成了个人理想。个人的理想信念形成与个体的认识水平和生活体验相关，是在不断地选择中逐步形成的。个人理想信念对人的人生起着指引作用，是一种强大的内在精神力量，影响人生。

2.为什么要树立共产主义理想和马克思主义信念？ 马克思主义具有什么样的特征值得我们信仰？ 这要从马克思主义揭示社会发展规律、马克思主义的人民立场所体现的道义力量和马克思主义的先进性等角度理解。

3.现阶段我国各族人民的共同理想是什么？ 这个共同理想与共产主义理想和马克思主义信念是什么关系？ 立足于我们走的是中国特色社会主义道路来理解两者的关系。

4.如何处理好理想与现实的关系？ 如何处理好个人理想与社会理想的关系？ 深刻体会实践的意义，并从个人与社会的关系角度理解个人理想与社会理想的关系。

5.如何为实现中国梦注入青春正能量？

【实践课堂】

项目名称：逐梦新时代　学习正当时——寻找青年"政治佳"

项目目标：结合本专题内容,引导青年学生深入思考如何实现青年梦想？在实现中华民族伟大复兴的中国梦进程中，青年学生如何更好地发挥自身作用？

项目活动设计：

1.确定题目。学生在教师指导下，围绕"青年学生如何实现青年梦想？在实现中华民族伟大复兴的中国梦进程中，青年学生如何更好地发挥自身作用？"这一主题，自拟题目进行创作。

2.组织形式。根据拟定的题目，学生可以选择创作理论文章、H5或短视频（动漫、微电影、歌曲MV、精彩讲课视频）等多种适合互联网传播的正能量作品。

3.作品统一要求及注意事项：所有形式的作品根据主题，围绕拟定的题目进行原创，传播正能量。作品只提交电子版。寻找青年"政治佳"活动，山东省从2016年开始已组织五届，可网络查询、参阅历年作品。

4.各形式作品具体要求。（1）理论文章撰写。以个人为单位完成。2000~3000字，整齐排版。结合国家、社会、个人实际展开论述，情感充沛，有叙有议，主题鲜明，层次清晰，结构完整，逻辑严谨，理论系统，体现新时代青年敢想、能做的新思想和新创意。（2）H5。以个人或团队为单位完成，团队主要人员数不超过3人。H5网页展示页面不少于12页。首页包含：主题名称——青岛职业技术学院"思想道德修养与法律基础"课"H5+题目"、作者（个人姓名或项目团队名称）。内容展示页面要求：首先要有项目主题背景（理论的认识与理解，活动的准备过程简介）的简介；接下来每页都要有实地活动的照片并配有照片内容的文字性描述；最后要有活动的感悟和总结。尾页包含：结束语；每个作者的专业班级、姓名、指导教师姓名、制作时间。网页中采用的照片要清晰；文字大小要适中；色彩搭配要科学（文字与背景颜色对比鲜明）。（3）短视频。短视频可以是动漫、微电影、歌曲MV、精彩讲课视频等形式。根据所选形式，以个人或团队为单位完成，团队主要人员数不超过3人。要取材新颖、层次清晰、结构完整、真实性和艺术性统一。制作片头和片尾。片头要有"'思想道德修养与法律基础'实践项目——视频"、视频题目、专业班级、作者姓名、指导教师姓名等信息，片中有字幕，片尾有制作时间。时长5分钟以内为宜（最长不超过10分钟）。

项目实施感悟：

_____

_____

_____

_____

_____

【案例解析】

案例1：习近平回信勉励北京大学援鄂医疗队全体"90后"党员

案例导读：

在2020年抗击新冠肺炎疫情的斗争中，以"90后"为代表的青年一代挺身而出、担当奉献，充分展现了新时代中国青年的精神风貌。在4.2万多名驰援湖北的医护人员中，就有1.2万多名是"90后"，其中相当一部分还是"95后"甚至"00后"。北京大学援鄂医疗队的34名"90后"党员给习近平总书记写信，汇报了在抗疫一线抢救生命的情况，表达了继续发挥党员作用、为打赢疫情防控阻击战贡献力量的决心。

中共中央总书记、国家主席、中央军委主席习近平于3月15日给北京大学援鄂医疗队全体"90后"党员回信，向他们和奋斗在疫情防控各条战线上的广大青年致以诚挚的问候。

案例呈现：

北京大学援鄂医疗队全体"90后"党员：

来信收悉。在新冠肺炎疫情防控斗争中，你们青年人同在一线英勇奋战的广大疫情防控人员一道，不畏艰险、冲锋在前、舍生忘死，彰显了青春的蓬勃力量，交出了合格答卷。广大青年用行动证明，新时代的中国青年是好样的，是堪当大任的！我向你们、向奋斗在疫情防控各条战线上的广大青年，致以诚挚的问候！

青年一代有理想、有本领、有担当，国家就有前途，民族就有希望。希望你们努力在为人民服务中茁壮成长、在艰苦奋斗中砥砺意志品质、在实践中增长工作本领，继续在救死扶伤的岗位上拼搏奋战，带动广大青年不惧风雨、勇挑重担，让青春在党和人民最需要的地方绽放绚丽之花。

习近平

2020年3月15日

（资料来源：人民日报、中国青年网、中国共青团网）

思考解答：

结合案例和自身实际，谈谈在实现中华民族伟大复兴进程中大学生肩负的责任。

_____

_____

_____

案例 2：钟南山院士寄语学子：心怀"大我" 做对社会有贡献的人

案例导视：

2020 年 5 月，春季开学正在有序进行，钟南山院士寄语同学们，要好好学习，天天向上，立下一个志，将来成为一个对社会有贡献的人，能够为社会做出突出成绩的科技工作者、文化工作者、社会工作者、管理者……

案例呈现：

https://article.xuexi.cn/articles/index.html?art_id=173629525257972889
50&from=singlemessage&source=share&study_style_id=feeds_default&share_
to=copylink&study_comment_disable=0&part_id=17362952525797288950&ptype
=0&item_id=17362952525797288950&isappinstalled=0

（资料来源：学习强国）

思考解答：

结合视频，谈谈个人理想与社会理想如何统一。

_____

_____

_____

_____

_____

【综合思考】

如何认识中国特色社会主义共同理想与共产主义远大理想的关系？

_____

_____

_____

_____

_____

_____

_____

_____

_____

_____

【经典书目推荐】

[1]刘建军.《共产党宣言》与新时代[M].石家庄：河北人民出版社，2018.

内容简介：本书从西欧资本主义的发展和工人运动的兴起开始，按照时间顺序依次展开章节，分析了《共产党宣言》创作发表的时代背景和时代意义，对比了《宣言》的三个不同稿本，阐述了《宣言》对科学社会主义的理论贡献及对资产阶级责难的有力回应，剖析了《宣言》的文体类型和语言风格，回顾了《宣言》如何为中国共产党建设中国特色社会主义提供信念支撑，预言了《宣言》将奠定"人类命运共同体"这一概念的理论基础，最终落笔于《宣言》中的"民族复兴"思想，认为这一思想将极大地助力中华民族的伟大复兴。

[2]陈先达.文化自信：做理想信念坚定的中国人[M].长春：吉林人民出版社，2017.

内容简介：本书是第一部全面深入地阐述中国文化自信的精品力作。全书分为七章，对文化的本质与基本形态、文化自信中的传统与当代、中国传统文化的创造性转化和发展、普世价值与共同价值、财富观的演变、历史周期律的警示、中国道路的文化自信等问题，进行了深入分析和论述，以朴实的话语启发中国人坚定理想信念；以马克思主义理论阐述文化自信不单纯是文化问题，更关系到国家前途和民族复兴。

【经典视频推荐】

1.纪录片:《信仰的力量10：恪职尽责》

内容简介：为人民服务，是共产党人信仰的源泉。这种精神的内涵是由众多怀抱信仰的勇士通过身体力行的无数事例建立和丰富起来的，他们不只是那些在战场上浴血奋战的战士，更多的是在日常工作中兢兢业业、恪职尽责的平凡的英雄。

视频链接：

http://dangshi.people.com.cn/n1/2016/0713/c85037-28551811.html

（资料来源：共产党新闻网）

2. 微视频：《理想与担当》

视频简介：奋斗是青春的底色，行动是最好的传承。当重担落到"90后""00后"的肩膀上，他们仿佛一夜之间长大，成为这个时代最年轻的英雄。时光变幻了青年人的面孔，但不变的是对家国的热爱、对梦想的追逐。追梦需要激情和理想，圆梦需要奋斗和奉献。每一个在青春里拼尽全力的瞬间，都值得被珍藏。让青春年华在为国家、为人民的奉献中焕发出绚丽光彩。

视频链接：

https://article.xuexi.cn/articles/index.html?source=share&art_id=11891702148990514718&study_style_id=video_default&share_to=wx_single&study_comment_disable=0&ptype=0&item_id=118917021489 90514718&from=singlemessage&isappinstalled=0

（资料来源：学习强国）

专题六
中国精神的科学内涵和现实意义

▲

【习语金句】

实现中国梦必须弘扬中国精神。这就是以爱国主义为核心的民族精神，以改革创新为核心的时代精神。这种精神是凝心聚力的兴国之魂、强国之魂。爱国主义始终是把中华民族坚强团结在一起的精神力量，改革创新始终是鞭策我们在改革开放中与时俱进的精神力量。全国各族人民一定要弘扬伟大的民族精神和时代精神，不断增强团结一心的精神纽带、自强不息的精神动力，永远朝气蓬勃迈向未来。

——2013年3月17日，习近平在十二届全国人民代表大会第一次会议上的讲话

【专题导学】

一、学习目标

通过本专题的学习，理解中国精神的传承、发展和丰富内涵，感受中华文化特有的精神气质，明确中华民族生生不息的千年希冀和连绵不绝的根脉，激发爱国主义情怀和创新意识，并内化为自我的个性追求。

二、重点和难点

理解中华文化核心内涵和中国精神的关系，理解民族精神的传承和创新精神的时代意义之间的辩证关系。

三、主要学习内容

（一）中国精神的内涵

中国精神是以爱国主义为核心的民族精神和以改革创新为核心的时代精神的统一。中国精神作为兴国强国之魂，是实现中华民族伟大复兴不可或缺的精神支撑和精神动力。

（二）实现中国梦必须弘扬中国精神

中国精神是兴国强国之魂。实现中国梦，必须弘扬中国精神，以高扬的精神旗帜为指引，以强大的精神支柱为支撑，团结凝聚全体人民的智慧和力量，为实现中国梦

而努力奋斗。任何民族，都有自己特有的民族精神，中华民族曾经创造了伟大的文明，也奠定了我们与灿烂文化交融一体的民族精神。

（三）做改革创新生力军

自强不息，是中华民族进取精神的源头。青年时期是创新创造的宝贵时期。新时代的大学生置身于实现中华民族伟大复兴的时代洪流之中，应当以时代使命为己任，把握时代脉搏，迎接时代挑战，增强创新创造的能力和本领，勇做改革创新的实践者，将弘扬改革创新精神贯穿于实践中、体现在行动上。

1.树立改革创新的自觉意识。

2.增强改革创新的能力本领。

四、学习建议

广泛了解和回顾我国历史上那些体现了民族气节的民族英雄的故事，以及锐意进取、不断创造的事例。理解和领悟文化精神内在基因的传承和当代实现中华民族伟大复兴中国梦的使命担当，集中体现为爱国主义为核心的民族精神和改革创新为核心的时代精神。

【劳模引领】

弘扬劳模精神

重温劳动模范的故事，想想这些平凡人何以把不可能变为可能，心底就有"相信"，眼中便有光彩，走过风雨看到彩虹。

2019年的劳模名单中，有在火箭总装一线奋战30余年的崔蕴，还有秉持"第一次就把事情做好"、平均年龄只有32岁的动车组装班；有深耕高端数控机床研发、"代表中国冲击世界一流"的女设计师盖立亚，还有执着于探索金融精准扶贫模式、见证阜平贫困发生率由54.4%下降到13.8%的"金领"李二国。他们是创业者，是实干家。在我们这个70年间从积贫积弱成长为世界第二大经济体的社会主义国家，他们最大限度地展现了劳动的荣光与价值。

今天的我们，习惯了动动手指外卖送来，语音指令机器人擦地，那么，劳动离我们已经远了吗？不是的。产业结构变化、社会分工细化，不会改变劳动是创造价值的唯一源泉。正如习近平总书记所指出的，"人世间的美好梦想，只有通过诚实劳动才能实现"。在当下中国，一分钟，快递小哥收发7.6万件快递，"神威·太湖之光"超级计算机运算750亿亿次。我国经济从高速增长进入高质量发展阶段，需要更多知识型、技能型、创新型劳动者，也为劳动者、奋斗者实现人生出彩提供了广阔舞台。

一代人有一代人的使命。不同时代的劳模，给了今天的我们怎样的启迪？劳动的内涵在更新，劳模的标准在"进阶"，"爱岗敬业、争创一流，艰苦奋斗、勇于创新，淡泊名利、甘于奉献"的劳模精神始终是不变的秘籍。

学习劳模，要学习他们身上闪耀的信仰光彩。"人间万事出艰辛。越是美好的未来，越需要我们付出艰苦努力。"盘点这些劳模，他们身上有一个共同点，那就是穿越眼前的迷雾，相信并为"美好的未来"而奋斗。全国劳模、时代楷模天津电力抢修工人张黎明，无数次沿着电力线路"溜达"，闭上眼睛能说出他负责的线路沿途有多少个高压塔、多少根电线杆。没有哪代人的青春是容易的，重温他们的故事，想想这些平凡人何以把不可能变为可能，心底就有"相信"，眼中便有光彩，走过风雨看到彩虹，用劳动与奋斗为中华民族伟大复兴贡献力量。

学习劳模，要学习他们实干苦干的劲头。"一勤天下无难事。"无论哪个时代的劳模，都是在某个方面有所建树的劳动者。近年来评选出的劳模，高级技工、科研精兵的比重在增加，知识型、技能型、创新型劳动者不断涌现。中国电子科技集团公司第五十四研究所钳工夏立，多次参与卫星天线预研与装配、校准任务，装配的齿轮间隙仅有0.004毫米，相当于一根头发丝的1/20粗细。具有精益求精的工匠精神，多做一点点、创新一点点，日积月累，"高原"就成了"高峰"，就能推动中国制造向中国创造转变。

"我热爱高高的塔机，喜欢它那长长的铁臂、炽热通往天路的神梯，热爱钢铁般的气息。"全国劳模、中国建筑一局塔吊工人王华曾这样吐露心声。涵养崇尚劳动的社会氛围，为保障劳动者权益创造更好的制度环境，就能激发亿万人民用劳动托举梦想的豪情，汇聚实现中华民族伟大复兴中国梦的磅礴力量。

（资料来源：人民日报）

【问题导学】

1.什么是精神？精神就是人的意识活动。马克思主义认为，人的意识是对客观世界的反映，而人的意识对物质世界有能动作用，人的能动作用正是体现人的创造力的哲学基础，从逻辑上为丰富多彩的人类实践活动准备了空间和舞台。

2.什么是中国精神？中国精神是中华民族有目的、有意识地改变客观世界和人类社会，追求美好理想的角度、方式和特质，通过文化传承和千年浸润，成为中华民族内在的文化基因和精神气质。

3.中华文化的内在基因与中国精神有什么独特之处？中华文化的基因，可以概括为"自强不息"的进取精神和"厚德载物"的包容精神。一方面体现出寻求进步、不断创新、锐意进取、励精图治、担当奉献等行为特质，另一方面体现出内省自修、重义轻利、与人为善、和谐大同的行为风尚。

4.中华文化和中国精神的优势是什么？几千年来，中国创造了灿烂的农耕文明。在不断抵御外族入侵、捍卫国家主权的斗争中，涌现了许多民族英雄，他们以民族大义为己任，可歌可泣；在促进社会生产的过程中，中华民族以丰富的想象和独特的创造，形成了特有的天文、气象、语言、文字、文学、艺术等并取得了辉煌的成就。中华文化与中国精神相互照应，熠熠生辉。

5.在当代，中国精神需要突出什么？在中国特色社会主义进入新时代，全国人民奋力实现中华民族伟大复兴中国梦的今天，中国精神集中体现为弘扬以爱国主义为核心的民族精神和以改革创新为核心的时代精神。

【实践课堂】

项目名称： 为经典影视作品中的民族英雄配音

项目目标： 通过模拟英雄语言，体会英雄人物的内心世界，感受爱国主义精神的传承，增强爱国热情，深化对民族精神的理解和体认。

项目活动设计：

1.情节选取，明确人设。首先，确定人物形象，并通过阅读相关资料，对人物进行全面深入的了解；其次，确定影视作品，并选取经典情境；再次，多角度明确影视剧中的人物设定；最后，认真体会人物在特定的场景中的内心感受。

2.模拟饰演，反复练习。通过反复观看，体会影视作品中英雄人物的感受；通过反复练习，同学间互相评议，不断调整状态；规范语言，纠正发音、气息，尽可能语言规范。

3.定型作品，录制视频。多次练习后录制作品。多录几次，选取最好的一个视频进行更为细致的编辑。

4.添加片头、片尾，完成制作。添加片头、片尾，文件名称和格式为：《影视作品名称·具体情节场景》+姓名。内容包括情节简介或导引，配音人（班级+姓名+学号）。

项目实施感悟：

_____

_____

_____

_____

【案例解析】

案例1：袁隆平：保障粮食安全　我们要担当

案例导视：

用占世界7％的耕地养活了全世界21％的人口，这是中国创造的奇迹，而这奇迹的背后有无数为此奉献的人，中国工程院院士袁隆平就是其中的代表人物之一。在他的带领下，中国的超级杂交稻连续打破亩产世界纪录，为解决中国的粮食问题做出了巨大贡献。今天，我们的"弘扬伟大民族精神"系列报道，就走近被喻为杂交水稻之父的袁隆平院士。

案例呈现：

http://news.cctv.com/2018/12/14/ARTI11IfbrtzYXL2Fsxy4u1k181214.
shtml

思考解答：

请结合本案例，谈谈如何弘扬中国精神。

案例2：全球领跑！首个新冠灭活疫苗进入二期临床

案例导读：

2020年，新冠疫情肆虐全球。面对突如其来的新冠肺炎疫情，开发疫苗的任务异常紧迫。加快疫苗研制，体现的是国家的创新精神，也体现了大国的担当。

案例呈现：

4月24日，由国药集团中国生物武汉生物制品研究所研发的新型冠状病毒灭活疫苗正式进入Ⅱ期临床研究！

截至4月23日，中国生物新冠灭活疫苗已完成第一阶段前三个年龄组96人的疫苗接种，目前接种情况显示安全性良好。持续的安全性观察仍在进行中。

4月12日，中国生物新冠灭活疫苗全球首家获批临床试验当天，Ⅰ期和Ⅱ期临床试验在河南焦作武陟县顺利启动。本次临床研究为"随机、双盲、安慰剂平行对照Ⅰ/Ⅱ期临床试验"。

由于临床前研究的数据较为充分，结合当前全球严峻的疫情防控形势，国家药监局为此开通了"绿色通道"，一次性批准了Ⅰ/Ⅱ期临床试验。临床研究方案设计完全按照国家规范的要求来进行，从低剂量往高剂量爬坡，临床研究人群从中间年龄段向高年龄段和低年龄段逐步推进。中国生物新型冠状病毒灭活疫苗（Vero细胞）Ⅰ/Ⅱ期临床研究由武汉生物制品研究所申办，河南省疾病预防控制中心临床研究中心牵头，河南省焦作市武陟县疾病预防控制中心承担，武陟县委县政府给予了大力支持。

新型冠状病毒灭活疫苗需要打几针、打多少剂量是需要在临床研究过程中解决的问题。最重要的是评价疫苗的安全性、有效性等。

通常临床研究分为3期。

Ⅰ期，主要评价安全性。Ⅱ期，主要评估疫苗的安全性，探索接种免疫程序。Ⅲ期，主要评估疫苗的安全性和有效性。

安全性评价贯穿整个临床研究全过程。

如果试验成功，说明这些疫苗是安全的、有效的，是能保护接种人群免于新冠病毒感染的。

按照整体计划、方案要求及研究现场安排，4月24日正式进入Ⅱ期临床研究。Ⅱ期主要探索疫苗接种的程序。

据了解，Ⅲ期临床试验主要评估疫苗的有效性，在疾病流行的背景下，完成免疫原性评估需要6个月以上时间，完成保护力试验需要更长的时间，因此完成Ⅲ期临床试验，最后得出疫苗安全、有效的结论，可能需要一年的时间。

百年传承，爱与责任。国药集团中国生物将全力以赴，尽早研制出安全、有效的新冠灭活疫苗，为保障国家公共卫生安全、护卫人民生命健康做出新的贡献，为全球抗疫贡献中国力量。

（资料来源：中华网）

思考解答：
结合案例，谈谈我们应如何走在改革创新的时代前列。

_____

_____

_____

_____

_____

_____

【综合思考】

中国精神的主要内容是什么？民族精神和时代精神有怎样的关系？

_____

_____

_____

_____

_____

_____

_____

_____

_____

【经典书目推荐】

[1]张维为.中国人，你要自信[M].北京：中信出版集团，2017.

内容简介：本书是张维为教授呼吁"中国信心"的演讲辑录。张维为教授看到，中国发生了真正的"崛起"故事，但在国际话语中，存在对中国崛起现象的不了解、误读、与事实不符的贬低。他基于自己走访百国的实地观察，希望通过自己的发声，提供一种"中国故事"的新讲述，使大众更多维地认识到中国发生了什么变化，更多地看到中国崛起的事实、背后的原因、未来的前景。他特别提出中国不应该回避任何问题，"中国的问题都说得清楚，中国的问题都有解"，应该坦然面对质疑并给予实事求是的回答。于此，国人更应平视、正视国际大背景下的中国发展，对中国模式怀有更大自信，坚定地实践中国道路，推进进一步的中国崛起。

[2]周苏.创新创业：思维、方法与能力[M].北京：清华大学出版社，2017.

内容简介：大众创新，万众创业，迫切需要将大学生培养成为国家创新驱动发展的生力军。建设创新型国家，核心是要增强自主创新能力。要增强自主创新能力，方法必须先行。本书共12章，内容包括什么是创新、创新驱动发展、互联网思维、大数据思维、思维定式与传统方法、创新思维与技法、TRIZ创新方法基础、技术系统进化与发明原理、解决矛盾实现创新、科学效应及其运用、创新驱动创业、创业模式与创业计划等内容，所涉及的知识面广、浅显易懂又理论联系实际，内容编排充分考虑了教学的特点与需要。各章精心安排了课前阅读"脑洞大开"和课后实践"实验与思考"等环节，实操性强，把创新思维、创新方法与创业能力的概念、理论和技术知识融入实践中，帮助读者加深对学习的认识和理解，熟悉创新思维、方法与创业能力的实际应用。

【经典视频推荐】

1.纪录片：《辉煌中国》

内容简介：《辉煌中国》是由中共中央宣传部、中央电视台联合制作的六集电视纪录片。全片以创新、协调、绿色、开放、共享的新发展理念为脉络，全面反映党的十八大以来，在以习近平同志为核心的党中央带领下，全国各族人民砥砺奋进、真抓实干，中国经济社会发展取得的历史性成就，充分展示了五年来中国人民更多的获得感、安全感、幸福感、自豪感，真实记录了中华民族实现从站起来、富起来到强起来的历史性飞跃。

视频链接：

http://tv.cctv.com/2017/09/13/VIDA91zFKSCcaGBQ3rfEGz7y170913.shtml

2.纪录片：《创新之路》

内容简介："创新"已经成为中国发展的关键词，而创新究竟是什么？创新应该怎么做？中国创新有过怎样的成绩，而未来又该寻找怎样的道路？这就是十集纪录片《创新之路》思考和创作的出发点。《创新之路》由科学技术部、中央电视台联合制作。《创新之路》十集共450分钟的篇幅，逐一探讨科学、教育、政府、市场、法律、资本、人才等因素如何影响着创新，不是提供一种具体的创新方法，而是提供一种思考、一种方向、一种规律。

视频链接：

http://jishi.cctv.com/special/djsb/cxzl/index.shtml

专题七
弘扬新时代的爱国主义

【习语金句】

新时代中国青年要热爱伟大祖国。孙中山先生说，做人最大的事情，就是要知道怎么样爱国。一个人不爱国，甚至欺骗祖国、背叛祖国，那是很丢脸的，在世上也是没有立足之地的。对每一个中国人来说，爱国是本分，也是职责，是心之所系、情之所归。对新时代中国青年来说，热爱祖国是立身之本、成才之基。当代中国，爱国主义的本质就是坚持爱国和爱党、爱社会主义高度统一。

新时代中国青年要听党话、跟党走，胸怀忧国忧民之心、爱国爱民之情，为祖国、为人民不断奉献，以一生的真情投入、一辈子的顽强奋斗来体现爱国主义情怀，让爱国主义的伟大旗帜始终在心中高高飘扬！

——2019年4月30日，习近平在纪念五四运动100周年大会上的讲话

【专题导学】

一、学习目标

全面理解爱国主义的基本内涵，科学把握新时代弘扬爱国主义精神的主要内容，自觉维护祖国统一和民族团结，把自己的理想同祖国的前途、把自己的人生同民族的命运紧密联系在一起，忠于祖国、忠于人民，做新时代坚定的爱国者。

二、重点和难点

认识和深刻理解新时代的爱国主义基本要求，实现爱国的深厚情感、理性认识和实际行动相一致，做忠诚的爱国者。

三、主要学习内容

（一）爱国主义的基本内涵

爱国主义体现了人们对自己祖国的深厚感情，揭示了个人与祖国的依存关系，是人们对自己的家园以及民族和文化的归属感、认同感、尊严感与荣誉感的统一。它是调节个人与祖国之间关系的道德要求、政治原则和法律规范，也是中华民族精神的核心。

（二）新时代的爱国主义基本要求

新时代的爱国主义，既承接了中华民族的爱国主义优良传统，又体现了鲜明的时代特征，内涵更加丰富。新时代的爱国主义基本要求是：坚持爱国主义和社会主义相统一、维护祖国统一和民族团结、尊重和传承中华民族历史和文化、坚持立足民族又面向世界。弘扬新时代的爱国主义，必须团结全体社会主义劳动者、社会主义事业的建设者、拥护社会主义的爱国者、拥护祖国统一和致力于中华民族伟大复兴的爱国者，汇集起实现中国梦的磅礴力量。

（三）如何做忠诚爱国者

做忠诚的爱国者，就要做到以下几点。

第一，维护和推进祖国统一：必须保持我国香港、澳门的长期繁荣稳定；和平统一最符合包括我国台湾同胞在内的中华民族的根本利益，坚持一个中国原则、推进两岸交流合作、促进两岸同胞团结奋斗、反对"台独"分裂图谋。

第二，促进民族团结：牢固树立正确的祖国观、民族观，增强对伟大祖国的认同、对中华民族的认同、对中华文化的认同、对中国特色社会主义的认同；认清"疆独"和"藏独"等各种分裂主义势力的反动本质，坚决与破坏民族团结的行为做斗争。

第三，增强国家安全意识：确立总体国家安全观、增强国防意识、履行维护国家安全的义务。

四、学习建议

实现中华民族伟大复兴的中国梦，是当代中国爱国主义的鲜明主题。青年大学生要继承中华民族爱国主义光荣传统，自觉做新时代的忠诚爱国者。新时代的大学生应当高扬爱国主义旗帜，把爱国之情、强国之志、报国之行统一起来，为国家和民族做出应有的贡献。

【劳模引领】

那一刻，我们终于懂了他——追寻已故海归战略科学家黄大年

采写已故海归战略科学家黄大年，是一次难忘的过程。

初次接触他的生平简介，我们感到：在当下我们惯见的世俗中，他的很多做法太过"高大上"，近乎"不真实"。

他为什么要放弃英国的高薪洋房，回到祖国重新开始？

他为什么不求院士头衔、行政职务，一心只埋头研究？

他为什么非得忙到回不了家，甚至连命都可以不要？

……

我们一直在追问、寻找一个可以为他的人生轨迹、为他的不同寻常做出合理解释的答案。

我们一次次走近他的团队、朋友和学生，我们渐渐有了叹服，有了敬仰，有了瞬间迸发的泪水，有了长留心间的感动。

爱国，是我们能找到的唯一答案！

当我们走进吉林大学地质宫这栋始建于20世纪50年代的教学楼，看到那斑驳的墙壁、老旧的楼梯，我们立刻就理解了当初很多人对他的不解："人到中年，功成名就，你还要折腾什么？"

"如果不回国，他们一家人在英国应该会工作、生活得很好。"当我们去采访他的好友、国土资源部科技与国际合作司副司长高平时，她刚刚开口，就用纸巾掩住了眼睛。

很多人都提起他那句"高调"的表达："国家在召唤我们，我应该回去！"坦率地讲，我们最初的反应是：年过半百，这么热血沸腾的激情从哪儿来？

在常人看来，如果他想为国效力，完全可以定期回国、两边兼顾，在吉林大学做一个"流动编"教授。

可是，他不愿意。

整整一个月，从长春到北京，从他生前同事、学生采访到他的同行、好友，涉及相关人士30多人，形成近20万字的采访笔记……

夜深人静，我们整理笔记，从入党誓言到毕业赠言，从为了学校科研放弃出国，到完成留学任务立刻返回，从听到国歌会流泪，到主动去当北京申奥志愿者，不同的人在不同场合、不同时间讲述的相似情节，让我们渐渐感到，对于爱国这件事，黄大年绝不是应景式表态。

……

越了解，越痛惜，越无法释然他当初的决定——即使在今天，海外留学者人才济济，我们翻看他的履历，仍觉走进一段传奇：1996年，一个名叫黄大年的中国人，刷新了英国利兹大学的历史——以排名第一的成绩获得地球物理学博士学位。在导师的惋惜、同学们的惊异中，他一天没有耽搁，踏上归程，返回祖国。

而正是他的归来，让某国当年的航母演习整个舰队后退100海里。

为什么？很多人，因为时空的阻隔、境遇的改变，渐行渐远，不再回头。而他，饱尝了奋斗的艰辛，一颗心依然滚烫。

再度归来时，他已经带领团队实现了通过快速移动方式实施对地穿透式精确探测的技术突破。这项技术可以应用于军事和民用领域，是当今世界各国科技竞争乃至战略部署的制高点。一旦离开，他必须承诺不再使用此前的研究。那是一个科学家多少年奋斗的心血啊！

为什么？他已经站在了人生的巅峰，有多少人望其兴叹、欲求不得，可他却能当断即断、毅然决然！

随着旁人的讲述而心潮澎湃，随着旁人的泪奔而泣不成声，我们渐渐明白了高平说的那句话："即使没有'千人计划'，他也会通过其他方式回来；即使不是做科研，他也会用另外的形式去爱国。"

那一刻，我们可以确信：爱国，早已深深刻进了他的骨子里。这是他执着认定的、用毕生生命给出的答案。

……

（资料来源：新华网）

【问题导学】

1.爱国是不是个人的自由？每个人来到这个世界，都要在社会中生存，都要获取生存发展的物质条件，都要寻求慰藉心灵的精神家园，这一切首先得之于祖国。爱国是每个人都应当自觉履行的责任和义务，是对祖国的报答。

2.爱国、爱党、爱社会主义三者是区分开的还是统一的？我国爱国主义始终围绕着实现国家富强、民族振兴、人民幸福而发展，最终汇流于中国特色社会主义。祖国的命运、党的命运、社会主义的命运是密不可分的统一整体。只有坚持爱国、爱党、爱社会主义相统一，爱国主义才是鲜活的、真实的，这是当代中国爱国主义精神最重要的体现。在当代中国，爱国主义首先体现在对社会主义中国的热爱上。爱国主义与爱社会主义的统一是中国历史发展的必然结果。社会主义制度的建立，为中国的繁荣发展提供了可靠的保障。社会主义在中国不是一句空洞的口号，而是集中代表着、体现着、实现着国家、民族和人民的根本利益。"没有共产党就没有新中国"，这是中国的历史和现实所昭示的真理。中国共产党的历史就是一部为实现民族独立和人民解放，为实现中华民族伟大复兴而奋斗的历史。中国共产党的历史上矗立着一座座爱国主义的丰碑。透过这一座座丰碑，不仅可以了解中国共产党的光辉历史，认识中国共产党的英明伟大，体会中国共产党的精神风骨，而且也能懂得中国共产党为国家、民族和人民谋利益的艰辛历程。中国的历史和现实充分证明，中国共产党是高举爱国主义旗帜并躬身实践的光辉典范，是中国特色社会主义事业的坚强领导核心。坚定拥护中国共产党的领导，是中华民族走向复兴、中国特色社会主义事业走向成功的必然要求，也是新时代爱国主义的必然要求。

3.和平年代的大学生该如何将爱国付诸行动？爱国既需要情感的基础，也需要理性的认识，更需要实际的行动。爱国不是简单的情感表达，而是一种理性的行为，要讲原则、守法律，以合理合法的方式来进行。只有把国家的安全、荣誉和利益放在高于一切的地位，始终做到爱国的深厚情感、理性认识和实际行动相一致，与祖国同呼吸、共命运，才是真正的爱国者。具体要做到维护和推进祖国统一、促进民族团结、增强国家安全意识。

【实践课堂】

项目名称：《我的祖国》微课制作

项目目标：制作完成一期主题微课。

项目活动设计：

各小组从中国历史、地理、民族、政治、经济、文化、社会、外交等不同主题中选择一个主题，通过查询图书、网络资料等，运用信息化教学软件制作一堂5分钟的微课，在课堂上向全班同学播放，全体投票评选最佳微课。

项目实施感悟：

_____

_____

_____

_____

_____

【案例解析】

案例1：疫情给留学生上了深刻的爱国教育课

案例导读：

随着境外疫情的蔓延，很多人将焦点聚集在留学生身上，两位因为疫情登上热搜的留学生的故事，引发了我们关于爱国的思考。

案例呈现：

今年3月末，在英国留学的曹元元，从伦敦辗转多地回国。入境一刻，她忍不住泪崩。在她录制的一个2分08秒的vlog里，工作人员和志愿者的无私付出，让曹元元感动不已，使得她数次哽咽、抹泪。"太感动了，我要哭了。我是一个中国人，我很骄傲，以后一定要好好报效祖国。"从伦敦回到上海的第30天，25岁的曹元元终于如愿以偿，正式上岗成为一名疫情防控志愿者。4月15日一早，曹元元从位于嘉定南翔镇的家里出发，来到嘉定新城的一处集中隔离点报到，迎接她的将是为期14天的志愿者生涯。曹元元说，当初回国的时候，很多人帮助了自己，但是自己什么都没有做，所以想做志愿者，把温暖传递下去。"之前在视频里讲要'报效祖国'，现在我找到了最快、最接地气的报效祖国的方式。"

然而，同为留学生，有网友爆料称：@许可馨Nova- 在微博发表大量涉及新冠疫情的不当言论，诸如"如果我有医生朋友在武汉一线，我会希望他们临阵脱逃""谁要做中国未来的骄傲，我才不要做国家的螺丝钉""能走到今天，一靠爸妈的钱和人脉"等说法，严重伤害了广大同胞的感情，造成了极为恶劣的影响。其本人做出一份颇有申辩意味的道歉，并未平息公愤。目前已有中国药科大学、苏州市食药监局、苏州市纪委建委、国家留学基金委就许可馨事件做出回应，并有中国历史研究院、共青团中央、中央政法委长安剑等就此事发声。

（资料来源：人民日报、共青团中央微信公众号）

思考解答：

请结合教材和案例，谈谈爱国主义的基本内涵是什么？

案例2：开展民主协商 推动两岸和平发展达成制度性安排

案例导视：

如何推进两岸和平统一进程？习近平指出，在一个中国原则基础上，台湾任何政党、团体同我们的交往都不存在障碍。以对话取代对抗、以合作取代争斗、以双赢取代零和，两岸关系才能行稳致远。我们愿意同台湾各党派、团体和人士就两岸政治问题和推进祖国和平统一进程的有关问题开展对话沟通，广泛交换意见，寻求社会共识，推进政治谈判。

案例呈现：

https://haokan.baidu.com/v?vid=3944771631826853422&pd=bjh&fr=bjhaut
hor&type=video

思考解答：

结合案例和教材，请谈谈如何维护和推进祖国统一。

_____

_____

_____

_____

_____

_____

【综合思考】

结合教材，谈谈如何做新时代的忠诚爱国者。

_____

_____

_____

_____

_____

_____

_____

_____

_____

_____

【经典书目推荐】

[1]方志敏.可爱的中国[M].北京：中国友谊出版公司，2018.

内容简介：本书是无产阶级革命家方志敏于1935年5月2日在狱中写下的一篇散文，也是他的遗著。作者用亲身经历概括了中国从五四运动到第二次国内革命战争以来的悲壮历史，愤怒控诉了帝国主义肆意欺侮中国人民的种种罪行。他满怀爱国主义激情，象征性地把祖国比喻为"生育我们的母亲"，指出挽救祖国的"唯一出路"就是进行武装斗争；论证"中国是有自救的力量的"，坚信中华民族必能从战斗中获救。书的最后展示了中国革命的光明前景，描绘出革命后祖国未来美好幸福的景象，体现出了强烈的民族自信心。

[2]张维为.这就是中国：走向世界的中国力量[M].上海：上海人民出版社，2019.

内容简介：中国特色社会主义进入新时代，意味着中国模式拓展了发展中国家走向现代化的途径，给世界上那些既希望加快发展又希望保持自身独立性的国家和民族提供了全新选择，为解决人类问题贡献了中国智慧和中国方案。如何用中国智慧建构一套有解释力的话语？在本书中，张维为教授结合自身经历，从国内外热点、难点问题切入，将互联网思维融入中国话语体系，以生动鲜活的热点问题为切入口，建构出了一套政治领域的"中国标准"。从站起来、富起来到强起来，中国有信心为人类对更好社会制度的探索提供中国方案。在中国精神、中国价值、中国定力的分析框架下，张维为教授用脍炙人口的观点、深入浅出的语言风格，建立了一套原创性极强的话语体系，既激发了受众读者的爱国情、强国志、报国行，又以一种宽广的世界眼光、博大的人类情怀，为建设人类命运共同体提供了中国人的判断。

【经典视频推荐】

1.实况录像：《庆祝中华人民共和国成立70周年大会》

内容简介：2019年10月1日上午，庆祝中华人民共和国成立70周年大会在北京天安门广场隆重举行，习近平等党和国家领导人来到天安门城楼主席台。习近平发表重要讲话。庆祝大会后，举行盛大的阅兵式和群众游行。天安门广场上，全场齐声高唱中华人民共和国国歌，五星红旗迎风飘扬。习近平总书记高度评价新中国成立的历史意义，深刻阐明新中国70年创造的人间奇迹，豪迈展望中华民族伟大复兴的光明未来。亿万中华儿女满怀豪情、充满自信。

视频链接：

https://www.iqiyi.com/v_19ru3swhjo.html

2.电影：《我和我的祖国》

内容简介：《我和我的祖国》是由陈凯歌担任总导演，张一白、管虎、薛晓路、徐峥、宁浩、文牧野联合执导，黄渤、张译、吴京、杜江、葛优、刘昊然、陈飞宇、宋佳（按出场顺序）领衔主演的剧情片。该片讲述了新中国成立70年间普通百姓与共

和国息息相关的故事，于2019年9月30日在中国大陆上映。《我和我的祖国》带领观众们重温了新中国70年的峥嵘岁月，让观众们深刻体会到"我"与祖国的血脉相连，激发了观众们内心最朴素的爱国情怀。《我和我的祖国》既是一部献礼的影片，更是一封写给祖国的"情书"，用"我"的故事、"我"的经历、"我"的感动向祖国表白。

视频链接：

https://v.qq.com/x/cover/hk765ykwj4bjpcl/i0033e70upc.html

专题八
坚定社会主义核心价值观自信

【习语金句】

要坚持不懈培育和弘扬社会主义核心价值观，引导广大师生做社会主义核心价值观的坚定信仰者、积极传播者、模范践行者。要把中国特色社会主义道路自信、理论自信、制度自信、文化自信转化为办好中国特色世界一流大学的自信。

——2018年5月2日，习近平在北京大学师生座谈会上的讲话

【专题导学】

一、学习目标

1.明确了解社会主义核心价值观是当代中国精神的集中体现，凝结着全体人民共同的价值追求。

2.掌握社会主义核心价值观的基本内容。

3.理解社会主义核心价值观和社会主义核心价值体系的关系。

4.明确培育和践行社会主义核心价值观的重大意义。

5.深刻认识坚定核心价值观自信的理由，明确坚定核心价值观自信是中国特色社会主义道路自信、理论自信、制度自信和文化自信的价值内核。

二、重点和难点

掌握社会主义核心价值观的基本内容、培育和践行社会主义核心价值观的重大意义，理解坚定价值观自信的充分理由及其行为要求。

三、主要学习内容

（一）社会主义核心价值观是当代中国精神的集中体现，凝结着全体人民共同的价值追求

党的十八大提出，要倡导富强、民主、文明、和谐，倡导自由、平等、公正、法治，倡导爱国、敬业、诚信、友善，积极培育和践行社会主义核心价值观，鲜明确立了当代中国的核心价值理念，生动展现了中国共产党和中华民族高度的价值自信与价

值自觉。社会主义核心价值观把涉及国家、社会、公民的价值要求融为一体，体现了社会主义的本质要求，继承了中华优秀的传统文化，吸收了世界文明的有益成果，体现了时代精神，是对我们要建设什么样的国家、建设什么样的社会、培育什么样的公民等重大问题的深刻解答。

（二）社会主义核心价值观是社会主义核心价值体系的精神内核

社会主义核心价值观是社会主义核心价值体系的精神内核，体现了社会主义核心价值体系的根本性质和基本特征，反映了社会主义核心价值体系的丰富内涵和实践要求，是社会主义核心价值体系的高度凝练和集中表达。

（三）社会主义核心价值观是当代中国发展进步的精神指引

"倡导社会主义核心价值观"已正式写入我国宪法，是坚持和发展中国特色社会主义的价值遵循，是提高国家文化软实力的迫切要求，是增进社会团结和谐的最大公约数。

（四）坚定社会主义核心价值观自信的充分理由

坚定的核心价值观自信，是中国特色社会主义道路自信、理论自信、制度自信和文化自信的价值内核。社会主义核心价值观丰厚的历史底蕴、坚实的现实基础、强大的道义力量为我们坚定核心价值观自信提供了充分的理由。

四、学习建议

本专题的学习可以采用自主学习、内容讲解、材料展示、数据说明、问题讨论、案例教学等形式展开。

1. "全体人民共同的价值追求"，建议通过学习中央办公厅发布的文件《关于培育和践行社会主义核心价值观的意见》、观看微视频《社会主义核心价值观》等方式了解社会主义核心价值观的基本内容；自主学习和理解社会主义核心价值观与社会主义核心价值体系的关系；观看《丝路花雨》《中国诗词大会》《故事里的中国》等节目来感受中华民族传承千年的文化中所蕴含的核心价值观念，了解核心价值观的文化来源，对培育和践行社会主义核心价值观的重大意义进行概括梳理。

2. "坚定价值观自信"，建议观看大型连场讲座《核心价值观百场讲坛》，通过古今中国人物故事讨论坚定价值观自信的底气和坚定价值观自信的科学依据。

【劳模引领】

申友强——"万家灯火"的守护者

1986年，16岁的仡佬族少年申友强接过父亲手中那沉甸甸的工具袋，成为遵义供电局第二代抢修队员。冬练三九，夏练三伏，经过刻苦学习和钻研，小个子申友强得到了师傅们、同事们、客户们的交口称赞。他说："子承父业就意味着接受了一份责任和嘱托，既然选择了电力抢修这份工作，就意味着比别人更多的付出和担当。我将用心守护这份光明，并一直坚守这个岗位。"为了这份坚守，工作30多年，申友强没请过一次假。2005年，申友强获得全国劳动模范荣誉称号。

为了方便客户，申友强把自己的手机号码通过报社、广播和社区公告栏公布了出去。他承诺：保证24小时随叫随到。2007年6月的一天晚上，一场与死神争抢生命的急救手术马上就要开始，却遭遇突然停电。危急时刻，医院后勤科的同志拨通了申友强的手机号。当时，申友强正准备休息，电话一接，他翻身下床，立即通知抢修中心值班人员，"马上开一台发电车，以最快速度赶到医院！"自己也立即开车前往。事后，医院后勤科的同志说，"当时情急之下，我是抱着试试看的态度打了你的手机，没想到你们的抢修速度比110还快！"病人家属也连声感谢说："你们供电局是我们的救命恩人。"

2008年北京奥运会盛会，申友强荣幸地担任了北京奥运火炬手，并作为全国劳模代表和北京的大学生志愿者进行了交流。大学生志愿者们写了几段话送给他，其中有一段是这么写的："这么多年来，无论是寒风还是雨雪，都不能阻止您勇敢的脚步，当千家万户沉浸在温暖与幸福中时，是你坚毅的身影在守护光明！"

2012年，申友强当选为党的十八大代表。"一辈子做好一件事，一件事坚持一辈子。"这是申友强在抢修岗位上默默坚守初心的真实写照。

一个人优秀不算什么，而带动身边的一群人优秀才更有价值。在他的影响和带动下，"申友强服务队"涌现出南网劳模李明虎、贵州省青年岗位能手邹江华等一大批优秀党员代表，他们从服务队中汲取养分，并赋予它新的力量。"申友强服务队"被南方电网公司列为群众工作典型经验做法，同时成为南方电网公司首批"优秀党员服务队"。而"申友强劳模创新工作室"，先后完成6个技术创新和2个管理创新项目，进一步提高了城区供电可靠性，降低了客户停电时间，圆满完成80余次重要保供电任务。

2020年，面对突如其来的新冠肺炎疫情，50岁的申友强迅速集结队员返回岗位，保障了贵州遵义定点救治医院的电力供应。申友强和李明虎师徒俩带领服务队队员主动上门，对遵义医科大学附属医院、遵义市第一人民医院等医院的配电室高低压用电设备进行详细检查，对10千伏供电线路进行隐患排查。面对工作重担，他说："病毒肆虐，形势严峻。我们要坚守岗位，尽好自己的职责，守护好万家灯火。"

（资料来源：贵州省能源网、学习强国）

【问题导学】

1.什么是价值观？价值观是一种社会意识，集中反映人们对社会生活的总体认识、基本理念和理想追求。价值观是一个尺度，即评判周围事物是否有意义和具有什么意义的标准。价值观来源于个人的人生观，是世界观、人生观的具体化。

2.什么是核心价值观？核心价值观是某一社会群体判断社会事务时依据的是非标准、遵循的行为准则。在一定社会历史条件下，全体人民共同的价值观，影响个人价值观的形成和不断发展。

3.什么是社会主义核心价值观？社会主义核心价值观主要由坚持马克思主义指导思想，坚持中国特色社会主义共同理想，坚持以爱国主义为核心的民族精神以改革创新为核心的时代精神和坚持社会主义荣辱观组成，党的十八大提出了社会主义核心价值观的基本内容：富强、民主、文明、和谐，自由、平等、公正、法治，爱国、敬业、诚信、友善。要特别指出的是，"民主""自由""平等""法制"这些概念的前提是社会主义制度，要把人类文明的先进价值和西方所谓"普世价值"区分开来。

4.为什么说社会主义核心价值观就是一种"德"？习近平总书记强调："核心价值观，其实就是一种德，既是个人的德，也是一种大德，就是国家的德、社会的德。国无德不兴，人无德不立。"强调社会主义核心价值观是一种"德"，既是个人之"小德"，也是国家之"大德"，有着重要的新的现实意义：首先，社会主义核心价值观有着深厚的中华优秀传统文化底蕴和基因；其次，社会主义核心价值观是马克思主义中国化的具体价值体现；最后，社会主义核心价值观是当代中国精神的集中体现，凝结着全体人民共同的价值追求。

5.我们为什么要坚定价值观自信？价值观自信是道路自信、理论自信、制度自信、文化自信的有力支撑，是坚持和发展中国特色社会主义的底气底蕴所在。价值观自信具有坚定主心骨、激发正能量、引领社会思潮的重要作用。

6.我们怎样坚定价值观自信？坚定社会主义核心价值观自信，要求我们充分认识社会主义核心价值观的优越性及其在中华民族实现自己梦想的奋斗中所具有的重大意义，自觉以社会主义核心价值观来引领我们接力前行；要求我们自觉以社会主义核心价值观引领多样化的社会思潮，运用马克思主义客观辩证地分析各种错误价值观的实质，增强抵御错误价值观侵蚀的能力，不断增强社会凝聚力和价值共识；要求我们在发展的进程中虚心学习借鉴人类社会创造的一切文明成果，但不能数典忘祖，不能照抄照搬别国的发展模式，也绝不会接受任何国家颐指气使的说教。

【实践课堂】

项目名称："讲好中国故事　凝聚中国力量"

项目目标：让学生从榜样故事中汲取社会主义核心价值观的内核力量，坚定价值观自信。

项目活动设计：

（一）活动内容

以坚定价值观自信为导向，学生围绕讲好中国共产党治国理政的故事，讲好中国人民奋斗圆梦的故事，讲好中国坚持和平发展、合作共赢的故事这三个维度，契合"践行社会主义核心价值观"这个主题，自拟题目，讲好中国故事，特别是2020年新冠肺炎疫情中涌现的英雄人物故事，传播好中国声音。

（二）活动要求

1.此项目以个人为单位进行，每一位讲故事的学生在思政课教师指导下拟定题目并制作相关PPT配合讲述，最终提交一份微视频。

2.微视频要求如下：（1）视频时长3~5分钟。（2）视频必须在教室或者演播室实地录制，保证个人与PPT同时呈现，画面清晰，学生需要用自己的语言清楚明确、字正腔圆、声情并茂地讲述故事，并配以清晰字幕，字幕大小、布局要合理。（3）要有片头和片尾，片头的信息及顺序是：①故事名称；②学生专业+班级+姓名；③指导教师姓名；④故事来源。片尾的信息一律以制作完成的时间为准，内容为"二○二○年×月×日制作"。片头、片尾长度均不超过15秒。（5）视频技术规格：①视频采用MP4封装，单个视频文件不超过600MB；②字幕与视频同步封装，无须单独提交字幕文件；③全片图像同步性能稳定，无失步现象，图像无抖动跳跃，色彩无突变，编辑点处图像稳定。

3.故事内容必须紧密围绕三个维度并契合主题；故事内容必须是真实而客观的，不能选取中国神话、传说、童话以及外国故事；故事要有原文出处（国家正式出版图书、国家允播电视节目、正规网站及文献参考杂志，身边真实事例除外）。

4.提交的视频命名为"故事题目+学院专业班级+学生姓名+指导教师姓名"。

项目实施感悟：

_____

_____

_____

【案例解析】

案例1：创新传承中华文化　研学感受大国情怀——记"最美教师"何咏诗

案例导读：

何咏诗，女，44岁，我国澳门浸信中学中文教师。从事中文教育20多年，以文学与音乐相结合的方式传播宋词等中国传统文化，并引导学生关注社会、关注民生，培养学生的人文素养，培养学生传承中华优秀传统文化。2019年9月，她在教育部和中央广播电视总台主办的"2019寻找最美教师"大型公益活动中获得2019年"最美教师"称号。

案例呈现：

何老师教学认真，以学生为本，能因材施教，是一位具有专业精神的资深老师。何老师从事教育工作多年来，不断在教学上追求卓越，在"生本学习"及"合作学习"教学方法上甚有心得。她常以学生好学进而乐学的理念与以生命为本的教育相结合进行施教。

教、研并驾齐驱，设计是为了成就学生

何老师为课程进行设计，最终的愿景是为了使学生能产生感悟。教学过程中，何老师给予学生筛选的权利，并配合政府课程要求，进行了语文校本教材的自编工作以及三层式的课堂教学开拓工程——正规课堂教学、团队训练教学（生本小组教学）及多元学习体验教学——以建立学生的知识、技巧、能力及生命。

教材的编排要符合学生的兴趣

学校倡导音乐改变生命，何老师会以文学与音乐相结合的方式进行教学编排。她以大量阅读宋词为基础，在语文及音乐老师同步配合教学的情况下，与学生们进行"走进词的国度——旧曲新词"课程，有同学打趣道："谈相思，我可要比得过李清照的'人比黄花瘦'；论热血，岳飞的'怒发冲冠'是天下无双，我只有服输了。"同学们大量阅读后进行了音乐创作，再经过学校网上投票，最终可以在多元评核周内进行演出，乐学而好学的目标。

坚持以爱还爱，开展生命导师计划

为了协助学生成长及实行学校的师友同行计划，何老师认真参加了家庭辅导的课程，希望借此培养学生认识自己、了解自己，建立良好的群己关系，促进生活适应、潜能发展及自我实现。作为生命导师，何老师在校内与同事们一起帮助有成长需要的学生，共同面对生活带来的种种。同时，她还通过一些真实的故事，鼓励学生大胆分享，做到以爱还爱，创造正能量氛围。何老师还曾被邀请作电台、电视台的节目嘉宾分享正能量。

科技发达的年代更不可缺少人文素养的培育

在生命导师计划的前提下，何老师组建了学校的校园记者小组，组织学生定期收集新闻热点话题，让学生共同探讨时代的需要，鼓励学生传播正能量。团队进行了"我心感冒了"青少年抑郁情绪问题的探讨，并拍成专辑；还进行了外籍人士如何在澳生存与生活的走访专辑。何老师引导学生形成敏锐的观察力、分析力及对社会的使命感，希望他们日后贡献学校及社会。

（资料来源：央视网）

思考解答：

结合案例，谈谈坚定价值观自信的充分理由是什么？怎样坚定价值观自信？

_____

_____

_____

_____

_____

案例2：青春有我爱岗敬业，我的岗位在一线

案例导视：

2020年新冠肺炎疫情来袭，一大批可歌可泣的劳动者用实际行动诠释着社会主义核心价值观如何引领我们坚守抗疫第一线。他们当中有白衣执甲的医护，有维持治安的民警，有守护居民的社区工作者……他们不惧风险，挺身向前。随着复工复产号角的吹响，劳动者们回到工作岗位，推动城市复苏。

案例呈现：

https://v.cctv.com/2020/05/01/VIDEkYIYfuxxIgbCClO3tDvD200501.
shtml?spm=C90324.Pfdd0SYeqktv.Eri5TUDwaTXO.1

思考解答：

社会主义核心价值观的基本内容是什么？结合案例，阐述你对社会主义核心价值观个人层面的理解。

【综合思考】

谈谈为什么要增强价值观自信。

【经典书目推荐】

[1]中共中央办公厅.关于培育和践行社会主义核心价值观的意见[M].北京：人民出版社，2013.

内容简介：富强、民主、文明、和谐、自由、平等、公正、法治、爱国、敬业、诚信、友善是社会主义核心价值观的基本内容。要把培育和践行社会主义核心价值观融入国民教育全过程，落实到经济发展实践和社会治理中。本书对更好地凝聚全党全国各族人民的思想、在日趋激烈的国际思想舆论竞争中掌握主动权和话语权，意义重大。

[2] 周忠华.价值观自信——自信中国的价值支撑[M].成都：西南交通大学出版社，2019.

内容简介：本书是湖南省教育厅科学研究项目的阶段性成果。主要阐释价值观自信、社会主义核心价值观自信的本质内涵，对马克思主义价值观自信思想及其中国化发展历程进行了系统梳理，提出了在当前坚定价值观自信的基本方案和评估方法。本书拓宽了社会主义核心价值观和文化自信研究的视角，为社会主义核心价值观从中国走向世界、寻求历史地平线和时代性路径提供了客观依据。

【经典视频推荐】

1.讲坛活动视频：《民族复兴中国梦的文化根基与价值支撑》

内容简介："核心价值观百场讲坛"活动由中宣部指导，《光明日报》、中国人民大学、中国伦理学会共同主办，光明网承办。活动邀请一流专家学者和核心价值观的践行典范，对社会主义核心价值观进行科学、生动、富有感染力的解读，并运用网络视频直播、线上线下互动、报纸报道等形式进行立体化广泛传播。

首场活动于2014年5月30日在中国人民大学举行，中央社会主义学院党组书记、第一副院长叶小文做了题为"民族复兴中国梦的文化根基与价值支撑"的报告。叶小文在讲座中认为，中国在现代化的浪潮中崛起，各种问题扑面而来，让人应接不暇。要保持持续、良性发展，整个国家就必须始终保持振奋的民族精神和旺盛的创新活力。核心价值观的建设，对任何一个国家都非常重要。东西方都面临市场经济条件下的道德调节问题，信用缺失症严重。弘扬社会主义核心价值观要对症下药、对症施治，在道德问题上聚焦，从中华优秀传统文化中汲取丰厚营养，化解市场经济中的道德悖论，使道德成为市场经济的正能量。推动形成"我为人人，人人为我"的良好社会风尚。他强调说，要让社会主义核心价值观接地气，与现代化市场体系以及相应的社会结构更加紧密契合，成为根治信用缺失症的良药。

视频链接：

http://topics.gmw.cn/bcjt/node_60033.htm

2.演讲视频：《中国人的价值观》

内容简介：这是北京大学心理学教授王登峰在第九届全球华人心理学家学术研讨会上的主旨演讲，引起海内外华人心理学专家的强烈共鸣。王登峰教授从宏观的视角出发，思考分析"中国人价值观的文化起源""人性论、原始宗教、血缘文化和传统习俗"，对比中西方文化价值观的差异，呼吁"现代中国人价值观的整合"，引导国人

认识中华文化的精髓，找回文化自信，珍视中华文明。

视频链接：

https://v.qq.com/x/page/j016647dcey.html?

专题九

践行社会主义核心价值观的基本要求

【习语金句】

新时代中国青年要自觉树立和践行社会主义核心价值观，善于从中华民族传统美德中汲取道德滋养，从英雄人物和时代楷模的身上感受道德风范，从自身内省中提升道德修为，明大德、守公德、严私德，自觉抵制拜金主义、享乐主义、极端个人主义、历史虚无主义等错误思想，追求更有高度、更有境界、更有品位的人生，让清风正气、蓬勃朝气遍布全社会！

——2019年4月30日，习近平在纪念五四运动100周年大会上的讲话

【专题导学】

一、学习目标

1.正确认识培育和践行社会主义核心价值观与当代大学生成长成才的密切关系。

2.理解"扣好人生的扣子"的重大意义。

3.将"勤学、修德、明辨、笃实"四点要求和"爱国、立志、求真、力行"四点希望融会贯通，使其成为日常的行为准则和精神指向。

二、重点和难点

认识践行社会主义核心价值观与当代大学生成为有理想、有本领、有担当的时代新人的内在联系、与成长成才的密切关系，增进大学生对社会主义核心价值观的情感认同；理解"人生的扣子从一开始就要扣好"的现实意义，把践行社会主义核心价值观与实现人生价值统一起来；融会贯通地理解和掌握"勤学、修德、明辨、笃实"和"爱国、立志、求真、力行"的内涵，将其内化为自己的精神追求、外化为自觉的实际行动。

三、主要学习内容

（一）大学生成长成才和全面发展离不开正确价值观的引领

社会主义核心价值观是实现中华民族伟大复兴中国梦的价值支撑，是新时代中国

发展进步的精神指引，是引导大学生进德修业、成长成才的价值指针。社会主义核心价值观为当代大学生加强自身修养、锤炼优良品德、成长为德智体美劳全面发展的社会主义事业的建设者和接班人指明了努力方向，提供了精神动力，明确了基本途径。大学生学习和弘扬社会主义核心价值观，就是要将其内化于心、外化于行，使其发挥凝魂聚气、强基固本的作用。

（二）大学生要"扣好人生的扣子"

1.大学阶段是大学生价值观形成的关键时期。党的十九大把培养"担当民族复兴大任的时代新人"作为培育和践行社会主义核心价值观的着眼点，这为新时代大学生成为什么人、如何成为这样的人指明了方向。大学生在全社会培育和弘扬社会主义核心价值观的实践中要走在时代前列，从一开始就把人生的"扣子"扣好，坚持由易到难、由近及远，从现在做起，从自己做起，把自己培养成为担当民族复兴大任的时代新人，积极投身到实现中华民族伟大复兴中国梦的奋斗中去。

2.青年兴则国家兴，青年强则国家强。2018年5月2日，习近平总书记在同北京大学师生座谈会上的讲话中指出，当代青年是同新时代共同前进的一代。我们面临的新时代，既是近代以来中华民族发展的最好时代，也是实现中华民族伟大复兴的最关键时代。广大青年既拥有广阔发展空间，也承载着伟大时代使命。青年是国家的希望、民族的未来。大学生要成为合格的社会主义建设者和接班人，不辱时代使命，不负人民期望。这是最大的人生际遇，也是最大的人生考验。

（三）"勤学修德明辨笃实"的具体要求

大学生要努力、切实地做到习近平总书记提出的"勤学、修德、明辨、笃实"，做到"爱国、立志、求真、力行"，使社会主义核心价值观成为一言一行的基本遵循，把社会主义核心价值观的具体要求变成日常的行为准则，形成自觉奉行的信念理念并身体力行、将其推广到全社会中去，为实现国家富强、民族振兴、人民幸福的中国梦凝聚强大的青春能量。

四、学习建议

这一专题可以采用案例导入教学、师生交流互动、学生发言谈体会心得等形式进行教学。例如，通过感动中国人物、全国道德模范、大学生践行社会主义核心价值观先进典型等，增强大学生对社会主义核心价值观的感性认知和情感认同，强化大学生对社会主义核心价值观的行动自觉。

1."大学生成长成才和全面发展离不开正确价值观的引领"，建议搜集资料，了解新时代大学生的价值观趋向，分析讨论哪些价值观是正确的，是有利于个人成长成才、促进时代发展进步的；哪些价值观是偏离时代轨迹，不利于大学生成长成才的。设置情景问题：假如见到总书记，你将怎样汇报自己践行社会主义核心价值观的心得？

2.大学生要"扣好人生的扣子"，建议从正反两方面的例子思考讨论"人生的扣子为什么从一开始就要扣好"；明确"青年兴则国家兴，青年强则国家强"的意义，谈谈作为"强国一代""担当一代"的青年应该用怎样的价值追求书写精彩的青春华章。

3."勤学、修德、明辨、笃实"的具体要求，建议学习习近平总书记2014年、2018年在北京大学考察时发表的两篇重要讲话《青年要自觉践行社会主义核心价值观》《在北京大学师生座谈会上的讲话》，通过现实案例分析讨论如何做到"勤学、修德、明辨、笃实"，如何做到"爱国、立志、求真、力行"，将践行社会主义核心价值观与实现自己的人生价值统一起来。

【劳模引领】

全国巾帼建功标兵蔡雪：让稻花飘出青春的味道

回到家乡当农民

1993年，蔡雪出生于吉林省舒兰市溪河镇舒兰站村，这里是黑土地"黄金水稻带"，盛产有名的舒兰贡米。大学毕业后，蔡雪最初选择在上海发展，一年后，她遵循父亲的心愿，回到家乡。

为了推广绿色有机水稻种植，蔡雪和父亲发动50户村民，成立了农丰水稻专业合作社。蔡雪担任理事长，负责打造品牌和对外销售。

2014年，蔡雪参加了吉林省青年农场主培训班。期间，她被舒兰市推荐，随同吉林省的考察团赴日本考察当地农业。日本农业的"一村一品"产业、管理、销售模式等，让她受益匪浅。

"生产出优质大米，得天独厚的地理位置、优良的品种、科学的田间管理和种植方式，这三个要素必不可少。"蔡雪说，水稻的单一品种不能在同一地块种两年以上，否则抗逆性和品质都会下降。

做"看得见的农业"

为了保证稻米的绿色无公害，合作社让河蟹和鸭子进稻田除草，用太阳能生物除虫灯，施有机肥料，引山泉水浇灌，这样生产出来的大米蒸熟后口感软糯、香气扑鼻，受到了消费者的欢迎。农丰水稻专业合作社生产的大米通过了有机认证，还注册了"三莲"商标。

蔡雪知道，有机农业是未来的趋势，要重点建设有机农产品的追溯体系，做"看得见的农业"，提升消费者信赖度，才能让有机稻米更有市场竞争力。

合作社通过安装在田间的摄像头采集信息，利用互联网形成大米产供销一体化的网络平台。顾客只要扫描下载大米产品包装上的网络终端，就可以看到稻米种植和生产的实时影像，还能看到相关环节的追溯数据。

如今，农丰水稻专业合作社有土地187公顷，涵盖两个乡镇的4个村，形成了完整的有机水稻产业链条，带动了村民就业。"三莲"牌有机大米也由单一品种发展成有机稻花香、生态长粒香、珍珠米和杂粮等系列产品。

米粒之珠也放芳华

第一年大米生产出来，能否卖出好价钱，蔡雪心里没有底。她抓住机会，积极尝试。

朋友介绍她去赞助一个商会的年终活动，通过商会的渠道来销售大米。赞助活动需要提供大米作为礼品，父亲劝她慎重，但蔡雪还是打算试一试。商会活动上，很多人品尝了大米后，赞不绝口，要和她建立联系，长期合作。就这样，蔡雪的有机水稻销售迎来了开门红。

蔡雪又通过参加各地食品展销会、线下拓展经销商、线上推广销售等方式，把"三莲"牌有机大米卖到了全国各地。

每年春播时节，蔡雪会带着合作社成员举办插秧体验活动，让市民走进稻田，了解绿色稻米的生产过程。她相信，"绿色"的理念会被越来越多的消费者认同，市场也会更有前景。

"全国巾帼建功标兵""吉林省三八红旗手""吉林市劳动模范"……荣誉纷至沓来时，蔡雪仍谨记初心："让中国人吃上放心米、健康米、营养米，是我作为新时代农业人毕生的追求。"

（资料来源：学习强国）

【问题导学】

1.践行社会主义核心价值观对大学生成长成才有什么促进作用？大学生成长成才和全面发展，离不开正确价值观的引领。正确的价值观能够引导大学生把人生价值追求融入国家和民族事业，始终站在人民大众立场，同人民一道拼搏、同祖国一道前进，服务人民、奉献社会，努力成为中国特色社会主义事业的合格建设者和可靠接班人。

2.践行社会主义核心价值观与担当民族复兴大任的时代新人之间有什么内在联系？培养担当民族复兴大任的时代新人是培育和践行社会主义核心价值观的着眼点。

3.为什么要对青年人讲社会主义核心价值观？因为青年的价值取向决定了未来整个社会的价值取向，而青年又处在价值观形成和确立的时期，抓好这一时期的价值观养成十分重要。这就像穿衣服扣扣子一样，如果第一粒扣子扣错了，剩余的扣子都会扣错。人生的扣子从一开始就要扣好。

4.怎样"扣好人生的扣子"？青年要从现在做起、从自己做起，使社会主义核心价值观成为自己的基本遵循，并身体力行，大力将其推广到全社会中去。

5.我们应当如何践行社会主义核心价值观？要切实做到"勤学、修德、明辨、笃实""爱国、立志、求真、力行"，使社会主义核心价值观成为一言一行的基本遵循。

【实践课堂】

项目名称："践行社会主义核心价值观"主题演讲

项目目标：以"践行社会主义核心价值观"为主题，联系自身的学习、工作、生活实际，展现新时代大学生崇高理想和精神追求。

项目活动设计：

（一）活动内容

结合教学内容，契合"践行社会主义核心价值观"这个主题，自拟题目，演讲内容要求联系实际进行原创，材料真实、典型、新颖，事迹感人、实例生动，反映客观事实，具有普遍意义，体现时代精神。

（二）活动要求

1.此项目以个人为单位进行，每一位演讲者在思政课教师指导下拟定题目并制作相关PPT配合演讲，最终提交 份微视频。

2.演讲要求：（1）紧扣主题，内容具体生动，见解独到合理，观点正确、鲜明。（2）演讲者语言规范，吐字清晰，音色优美或个性独特；演讲张弛有度，表达熟练自然，准确流畅。（3）演讲者精神饱满，能较好地运用身体语言和表情；着装大方端庄，举止自然得体，礼仪规范，感染力强。（4）演讲具有较强的感召力，能较好地把控演讲节奏。

3.微视频要求如下：（1）视频时长3~5分钟。（2）视频必须在教室或者演播室实地录制，保证个人与PPT同时呈现，画面清晰，学生需要用自己的语言清楚明确、字正腔圆、声情并茂地展演演讲稿，并配以清晰字幕，字幕大小、布局要合理。（3）要有片头和片尾，片头的信息及顺序是：①演讲题目；②学生专业＋班级＋姓名；③指导教师姓名。片尾的信息一律以制作完成的时间为准，内容为"二〇二〇年×月×日制作"。片头、片尾长度均不超过 15 秒。（5）视频技术规格：①视频采用 MP4 封装，单个视频文件不超过 600MB；②字幕与视频同步封装，无须单独提交字幕文件；③全片图像同步性能稳定，无失步现象，图像无抖动跳跃，色彩无突变，编辑点处图像稳定。

4.提交的视频命名为"演讲题目＋学院专业班级＋学生姓名＋指导教师姓名"。

项目实施感悟：

_____

_____

_____

_____

_____

【案例解析】

案例1：2020年"全国向上向善好青年"部分人物事迹简介

案例导读：

在五四青年节来临之际，共青团中央公布了2020年"全国向上向善好青年"名单，新疆维吾尔自治区和田地区和田县公安局党委委员、副局长阿卜杜艾尼·列提普等149名优秀青年和北京协和医院国家援鄂抗疫医疗队等4个青年群体获此荣誉。当选人员来自全国31个省（区、市）和解放军、铁道、民航、中央和国家机关、金融、中央企业6个系统以及新疆生产建设兵团，涵盖医务工作者、科技工作者、创业者、教师、产业工人、部队官兵、公安干警、志愿者、大中学生等职业和领域，具有广泛的代表性，其中包括在新冠肺炎疫情防控工作中涌现出的优秀青年典型58名、群体3个。

案例呈现：

爱岗敬业好青年

杜富佳，女，汉族，1993年10月出生，中共预备党员，贵州省遵义市湄潭县人民医院急诊科护士。作为贵州省第八批援鄂医疗队一员，她在武汉市人民医院"红区"病房，持续开展记录病情、护理治疗、抽血化验、采集标本等工作，争分夺秒与病魔较量、为生命护航。她用逆行抗疫的责任担当，谱写了一曲迎难而上、不畏艰险、敬业奉献的青春之歌。

创新创业好青年

唐颖，女，满族，1982年2月出生，中共预备党员，吉林大学白求恩第一医院呼吸与危重症医学科副主任医师。她勇攀技术高峰，提出床旁肺部超声、清醒ECMO联合无创通气等新技术新疗法，负责课题6项，参与课题13项，以第一作者或通讯作者身份发表文章10余篇。新冠肺炎疫情期间，她主动请缨驰援武汉，作为吉大第一医院第五批援助武汉医疗队队员，持续工作62天，创新发明了新冠肺炎防喷溅咽拭子采集装置。

勤学上进好青年

郝莺歌，女，汉族，1997年6月出生，中共预备党员，新乡医学院三全学院本科生。她是武汉华大医学检验所有限公司的一名实习生，在听说新冠病毒核酸检测工作人手不足后，主动退掉回家车票，加入一线检验队伍。她每日穿上密不透风的防护服，进入生物安全二级实验室，坐在负压生物安全柜前，拿着长长的移液器不间断地从咽拭子样本中提取核酸。她用责任和担当，彰显了新时代青年的青春风采。

崇德守信好青年

杜智勇，男，汉族，1991年10月出生，群众，中国铁路西安局集团有限公司宝鸡东站客运员。面对持刀闯站的歹徒，他挺身而出，用身体挡在歹徒和旅客中间，身中4刀，制服歹徒，履行保护旅客生命安全的承诺不退缩。面对突发的新冠肺炎疫情，他主动请战，回到接触旅客最多、风险最大、任务最重的出站口岗位，克服身体不适，圆满完成各项防疫任务，履行做一名铁路好青年的承诺不动摇。

扶贫助困好青年

韩丹，男，汉族，1982年4月出生，民建会员，佐丹力健康产业集团（吉林）有限公司董事长。他怀揣感恩之心，主动承担社会责任，累计为公益事业捐款捐物6196余万元。新冠肺炎疫情期间，他捐赠负压救护车5台、口罩109万只、防护服26280件、消毒液18000瓶、护目镜9626个。他情系困难群体，帮助通榆县售卖粗粮，帮助发生水灾的永吉县筹集生活物资，用实际行动诠释青年企业家勇于担当、无私奉献的精神。曾获得中国好人、吉林省杰出青年等荣誉。

全国向上向善好青年群体

北京协和医院国家援鄂抗疫医疗队。这是一支以青年医务人员为主体、以顶级专家为指导、以危重症救治为目标的精锐之师，承担着武汉同济医院中法新城院区重症病房的救治任务，现有医务人员186名，平均年龄34.6岁，40岁以下队员159名，占总人数的85.4%。医疗队在中法新城院区最早开展有创机械通气、俯卧位通气、

ECMO、抗凝治疗等，最早实现病人成功脱机拔管并转出重症病房。

（资料来源：中国青年报）

思考解答：

结合案例，谈谈"勤学、修德、明辨、笃实"的具体要求。

_____

_____

_____

_____

案例2：青年一代正向阳成长

案例导视：

2020年5月4日，中国社会科学院、中国青年研究院联合部分网络社交平台发布《疫情前后·90后群体价值观念变化报告》。报告针对疫情前后，"90后"群体的生活态度、职业观念、消费理念、人生价值等内容进行了问卷调研。疫情前后，部分行业和就业岗位受到一定影响，但"90后"群体却表现出较强的抗压能力，其中青年创业者的心理承受能力相对更强。同时，受居家办公影响，"90后"群体的数字化办公习惯更加普及，但仍有32％的"90后"网民表示要加强身体锻炼，个人健康风险意识明显更强。另外，经过这次疫情，"90后"群体的职业观念也发生了积极变化。在"90后"，特别是"95后"年轻群体中，他们眼中最受尊敬的职业排在前三名的分别是医护人员、军人、社区工作者。这说明成长中的"90后"群体在经历人生中大考之后，"实现梦想，有所成就"成为多数人心中的目标。

案例呈现：

https://www.xuexi.cn/lgpage/detail/index.html?id=1655046314458517868&item_id=1655046314458517868

思考解答：

结合案例，谈谈"扣好人生的扣子"对青年成长成才的重要意义。

_____

_____

_____

【综合思考】

大学生应当如何自觉践行社会主义核心价值观?

【经典书目推荐】

[1]习近平.青年要自觉践行社会主义核心价值观——在北京大学师生座谈会上的讲话[M].北京:人民出版社,2014.

内容简介:2014年5月4日,中共中央总书记、国家主席、中央军委主席习近平来到北京大学考察。他代表党中央向全国各族青年致以节日的问候,向全国广大教育工作者和青年工作者致以崇高的敬意。在考察过程中,习近平发表了《青年要自觉践行社会主义核心价值观》的重要讲话。在讲话中,习主席对广大青年学子提出四点要求:勤学、修德、明辨、笃实。

[2]习近平.在北京大学师生座谈会上的讲话[M].北京:人民出版社,2019.

内容简介:2018年5月2日,中共中央总书记、国家主席、中央军委主席习近平来到北京大学考察。习近平同北京大学师生座谈并发表重要讲话。习主席向广大青年学子提出四点希望:一是要爱国,忠于祖国,忠于人民;二是要励志,立鸿鹄志,做奋斗者;三是要求真,求真学问,练真本领;四是要力行,知行合一,做实干家。

【经典视频推荐】

1.微视频:《理论达人为你解读十九大》第36集《培育和践行社会主义核心价值观》

内容简介:中国特色社会主义进入了新时代,理论宣讲不来点创新怎么行?由中央网信办移动局指导,半月谈新媒体中心打造的50集微视频《理论达人解读十九大》于2018年正式上线,这些微视频以润物细无声的方式告诉你"中国共产党为什么能""中国特色社会主义为什么行"。第36集的理论达人是来自中国人民公安大学的白洁。她从培育和践行社会主义核心价值观的意义出发,强调了中华优秀传统文化是培育和践行社会主义核心价值观的重要源泉,当前要以马克思主义科学理论为指导,以中国特色社会主义实践为基础,对传统价值观念机型提升和超越;提出必须使学校、家庭、社会三方面保持协同作用和一致性,以提升国民素质;在培育和践行社会主义核心价值观的过程中,实践运用至关重要,要使国民自觉认同社会主义核心价值观,潜移默化地提升个人价值观。总之,理论阐释、宣传教育、实践运用这三个基本环节相互联系、融会贯通,只有多管齐下、协力推进才能真正使社会主义核心价值观落细落小落实。

视频链接:

http://www.banyuetan.org/lldrjdsjd/1/byt/detail/video/2 0180829/10002
000331352115355527834704071493_1.html

2.电视专题片:《国魂:社会主义核心价值观》

内容简介:本片是闫东导演的一部纪录片电影,分上、中、下三集,分别从国家层面、社会层面和个人层面对社会主义核心价值观进行解读和阐释,全方位展示了培育和践行社会主义核心价值观的重大意义、基本内涵和实践要求。

视频链接:

http://tv.cctv.com/2014/08/06/VIDA1407290626191238.shtml

专题十
社会主义道德的形成及其本质

【习语金句】

要积极传播中华民族传统美德，传递尊老爱幼、男女平等、夫妻和睦、勤俭持家、邻里团结的观念，倡导忠诚、责任、亲情、学习、公益的理念，推动人们在为家庭谋幸福、为他人送温暖、为社会作贡献的过程中提高精神境界、培育文明风尚。

——2016年12月12日，习近平会见第一届全国文明家庭代表时讲话

【专题导学】

一、学习目标

1.了解道德的本质、起源、功能和变化发展。

2.把握中华传统美德的基本精神、创造性转化和创新性发展。

3.了解中国革命道德的形成与发展、整体上把握中国革命道德的主要内容及其当代价值。

4.明确马克思主义道德观的本质，社会主义道德是对人类文明优秀道德成果的借鉴和吸收。

二、重点和难点

（一）重点

1.道德的本质、起源、功能和历史发展。

2.中华传统美德的基本精神、创造性转化和创新性发展。

3.中国革命道德的形成与发展、主要内容及其当代价值。

4.马克思主义道德观的本质，社会主义道德是对人类文明优秀道德成果的借鉴和吸收。

（二）难点

1.道德的本质、起源、功能和历史发展。

2.中华传统美德的创造性转化和创新性发展。

3.马克思主义道德观的本质，社会主义道德是对人类文明优秀道德成果的借鉴和吸收。

三、主要学习内容

（一）道德及其变化

1.什么是道德。作为人类社会特有的一种社会现象，道德是人类社会发展到一定阶段的必然产物。（1）道德的起源。自古以来，人们就在探讨道德起源这一重大理论问题，并提出了种种见解和理论，有"天意神启论""先天人性论""情感欲望论""动物本能论"等。马克思主义道德观认为，劳动是道德起源的首要前提。社会关系是道德赖以产生的客观条件。人的自我意识是道德产生的主观条件。（2）道德的本质。道德属于上层建筑的范畴，是一种特殊的社会意识形态。道德是反映社会经济关系的特殊意识形态。道德是社会利益关系的特殊调节方式。道德是一种实践精神。

2.道德的功能与作用。（1）道德的功能。道德的功能，一般是指道德作为社会意识的特殊形式对于社会发展所具有的功效与能力。道德的功能是多元的，同时也是多层次的。道德的认识功能是指道德反映社会关系特别是反映社会经济关系的功效与能力。道德的规范功能是指在正确善恶观的指引下，规范社会成员在社会公共领域、职业领域、家庭领域的行为，并规范个人品德的养成，引导并促进人们崇德向善。道德的调节功能是指道德通过评价等方式，指导和纠正人们的行为和实践活动，协调社会关系和人际关系的功效与能力。（2）道德的作用。道德的作用是指道德的认识、规范、调节、激励、导向、教育等功能的发挥和实现所产生的社会影响及实际效果。

3.道德的变化发展。道德同其他社会意识形态一样，不是千古不变的。迄今为止，人类社会先后经历了五种基本社会形态，与此相适应，出现了原始社会的道德、奴隶社会的道德、封建社会的道德、资本主义社会的道德、社会主义社会的道德。

（二）吸收借鉴优秀道德成果

1.传承中华传统美德。（1）中华传统美德的基本精神。中华传统美德内容丰富、博大精深，是人类文明发展的重要精神财富，是社会主义道德建设的源头活水：重视整体利益，强调责任奉献；推崇"仁爱"原则，注重以和为贵；提倡人伦价值，重视道德义务；追求精神境界，向往理想人格；强调道德修养，注重道德践履。（2）中华传统美德的创造性转化和创新性发展。中国传统道德是一个矛盾体，具有鲜明的两重性。要加强对中华传统美德的挖掘和阐发，用中华传统美德滋养社会主义道德建设。在对待传统道德的问题上，要反对两种错误思潮。

2.发扬中国革命道德。中国革命道德，是对中华传统美德的延续和发展。（1）中国革命道德的形成与发展。中国革命道德，是指中国共产党人、人民军队、一切先进分子和人民群众在中国革命、建设、改革中所形成的优秀道德，是马克思主义与中国革命、建设、改革的伟大实践相结合的产物，是中华民族极其宝贵的道德财富。（2）中国革命道德的主要内容。中国革命道德具有丰富而独特的内涵，既包括革命道德的原则、要求、态度、修养、风尚等方面，也包括革命理想、革命精神等方面，具有丰富的内容：为实现社会主义和共产主义理想而奋斗；全心全意为人民服务；始终把革命利益放在首位；树立社会新风，建立新型人际关系；修身自律，保持节操。（3）中国革命道德的当代价值。中国革命道德内容丰富、历久弥新，有利于加强和巩固社会主义和共产主义的理想信念；有利于培育和践行社会主义核心价值观；有利于引导人们树立正确的道德观。有利于培育良好的社会道德风尚。

3.借鉴人类文明优秀道德成果。文明因交流而多彩，文明因互鉴而丰富。借鉴和吸收人类文明优秀道德成果，必须秉承正确的态度和科学的方法。要坚持以我为主、为我所用，批判继承其他国家的道德成果。

4.坚持马克思主义道德观。马克思主义坚持实现人民解放、维护人民利益的立场，以实现人的自由而全面的发展和全人类解放为己任，反映了人类对理想社会的美好憧憬。社会主义的目标，是"以每个人的全面而自由的发展为基本原则的社会形式"。社会主义道德，体现出作为迄今为止最高阶段的社会形态的本质特征，表征着先进文化的前进方向。

四、学习建议

本专题是"道德"这一章承上启下的重要专题。马克思主义道德观，讲授了道德的起源、功能、作用、本质。在道德的发展变化中，引出社会主义道德和共产主义道德这个崭新类型。社会主义道德的形成，通过优秀传统美德、中国革命道德，引出社会主义道德的本质。继而，为后面阐释社会主义道德的核心与原则，注重 社会公德、职业道德、家庭美德、个人品德，打下基础。

本专题的学习可以采用自主探究法、案例分析法、小组交流讨论法等学习方法。

1.以马克思主义的真理性、道义性以及中华文化的优秀道德，来阐释社会主义道德的本质，明确社会主义道德是人类历史发展高级阶段的道德，吸收了人类文明优秀的道德成果，因而高于历史上的道德形态。同时，当代中国的社会主义道德，又秉承了中国文化基因，继承了中国革命道德。

2.采用探究法，了解为什么说社会主义道德是崭新类型的道德。社会主义道德，要体现出作为迄今为止最高阶段的社会形态的本质特征，表征着先进文化的前进方向。社会主义和共产主义道德，是人类道德合乎规律发展的必然产物，是人类道德发展史上的一种崭新类型的道德，是对人类道德传统的批判与继承，并随着社会的进步和实践的发展而与时俱进。马克思非常明确地提出，未来的新社会是"以每个人的全面而自由的发展为基本原则的社会形式"。以人民的发展为中心，坚守人民大众的立场，以实现人的全面发展为目标，体现了马克思主义的基本观点。人的发展、人的价值的实现，不是抽象的，而是具体的、历史的。"全面发展的个人""不是自然的产物"，人的解放"是一种历史的活动，不是思想活动"，"是由历史的关系、是由工业状况、农业状况、交往状况促成的"。

3.采用案例分析法和小组讨论交流法回应一些社会现实问题，解释社会主义道德为何如此高尚。针对现实社会中仍然存在着一些道德冷漠的现象，通过讨论、辩论来解答思想困惑。我们的社会主义道德，提倡的是高尚的道德，社会主义核心价值观也是需要去努力培育和践行的。要弄明白我们担当了什么责任，贡献了什么。同时，道德也需要好的环境支撑。

【劳模引领】

徐虎：普通劳动者的榜样

徐虎，1969年参加工作，1975年分配到普陀区房管系统工作，被评为"100位新中国成立以来感动中国人物"之一，走上了从中央到地方各大报纸、电台、电视台的头条，与雷锋、黄继光、钱学森、王进喜等并列，成为全国知名的新闻人物。他是中共十五大代表，被授予全国优秀共产党员、全国劳动模范等荣誉称号。从1989年开始连续五届被评为全国劳动模范。

每当朦胧的夜色笼罩在浦江两岸，沿着上海西部的石泉、农林、光新、棉纺地区，从那窄窄的街巷深处，传出了千家万户的欢声笑语。这时，总有一个中等个头、戴着深度近视眼镜的人，背着工具包，蹬着一辆被上海人称为"老坦克"的破旧自行车，来回地奔波在这一带，为居民修理马桶、疏通管道，帮他们解除种种不便。居民们感激地称他为解难的"及时雨"，带来光明的"夜明珠"。其实，他只是一个普普通通的人，他的职业也不闪光，并不令人羡慕。他就是上海西部企业集团中山物业公司（即上海普陀区房管局中山北路房管所）的房修水电工、全国劳模、共产党员徐虎。

10年寒暑，10个春秋，他把7400个小时的业余时间，无私地奉献给千家万户普通居民。这是一颗岁月磨出来的金子。

1975年，徐虎从郊区农村来到上海城里，当上了房修水电工，担负起管区内6000

多户居民的水电维修、房屋养护工作。徐虎的父亲是工人，母亲是菜农，过去的家境并不宽裕。徐虎读书时，一直都靠学校发给的助学金。因此，父母经常教育徐虎，不要忘了党和政府的关怀。干房修水电这一行，虽然脏一些，累一些，总还是个技术活。"身有一技之长，不怕家中断粮。"徐虎记着父亲的话："阿拉是普通工人出身，干一行就要干好一行。"

话是这么说，可是，当徐虎第一次去居民家修阻塞的抽水马桶时，还是傻了眼：粪便、草纸、污水淌了一地。别说干活，连立脚的地方都没有。但是，看看居民焦急的样子，想想自己干的就是这一行，也只好硬着头皮上。徐虎忙着干活，居民在边上忙着端茶、敬烟。马桶修好了，居民连声道谢。事后，还特地给房管所写了感谢信。这件事，给徐虎留下了深刻的印象。他想，自己干了分内的工作，居民就这么感激，真的应该尽心尽力做好。从此，只要一有空，徐虎总是认真学习房修水电技术。碰到居民报修，徐虎一喊就到，及时解决。碰到难做的活儿，徐虎千方百计做到居民满意。每次修理完毕，徐虎都主动做好清洁工作；对居民的酬谢，他笑着谢绝；碰上挑剔的居民，还要耐心说服。一来二去，徐虎和居民们的关系从生疏变得熟悉、融洽了。从居民的欢笑声、赞扬声中，徐虎体验到了人生的欢乐、工作的价值。再脏、再累，心里也是高兴的。

（资料来源：张蔚萍.中国思想政治工作年鉴[M].北京：中共中央党校出版社，1998）

【问题导学】

1. 为什么说社会主义道德是崭新类型的道德？通过对道德的起源、功能、作用、本质的分析，说明社会主义道德是迄今为止最高阶段的社会形态的本质特征，表征着先进文化的前进方向，从而说明社会主义和共产主义道德，是人类道德合乎规律发展的必然产物，是人类道德发展史上的一种崭新类型的道德，是对人类道德传统的批判与继承，并随着社会的进步和实践的发展而与时俱进。

2. 社会主义道德是在吸收中华优秀传统美德、中国革命道德和人类文明优秀道德成果的基础上形成的，这就是社会主义道德的本质。（1）中华传统美德是否过时了？为什么我们要继承和弘扬中华优秀传统美德？从三个方面分析：为什么说中华传统美德是中国传统文化的精髓？中华传统美德蕴含着哪些丰富的道德资源？中华传统美德在当代具有什么样的时代价值？（2）如何对待中华传统美德？如何推进中华传统美德的创造性转化和创新性发展？中国传统道德是一个矛盾体，具有鲜明的两重性。要加强对中华传统美德的挖掘和阐发，用中华传统美德滋养社会主义道德建设。在对待传统道德的问题上，要反对两种错误思潮。

【实践课堂】

项目名称："讲好劳模故事，传承劳模精神"主题比赛

项目目标：通过讲好劳模故事，大力弘扬"爱岗敬业、争创一流、艰苦奋斗、勇于创新、淡泊名利、甘于奉献"的劳模精神，培养学生的劳动观念，促进我院学生形成"热爱劳动、尊重劳动"的良好氛围，深刻体会劳模人物身上体现的中华传统美德的魅力。

项目活动设计：

1.实践地点：教室。

2.实践形式：小组完成。在课堂主动交流展示的，给予2~5分加分。

3.实践步骤：

（1）项目布置。在上节课结束时进行布置，学生可以通过摄影、网搜等方式，搜集故事和图片，并制成PPT或图集，在课堂上展示并讲解。（2）项目组织。故事讲解活动以小组为单位，由小组长分工负责。制作成PPT后，各组推举一名语言表达能力强的同学，代表大家讲解本组劳模故事课件。（3）活动时间。每组8分钟，当堂完成项目任务。（4）评委打分。每班产生评委3名，对展示课件及讲解打分，教师记入平时成绩。（5）教师总结。教师总结项目活动情况，对讲解展示进行点评，表扬优长，点出不足。

4.其他注意事项：（1）由组长负责选取图片和故事人物原型，减少雷同或重复。（2）故事讲解要有感情，可适当配乐讲解。（3）忌念课件。

项目实施感悟：

_____

_____

_____

_____

_____

【案例解析】

案例1：天使的"逆行"

案例导读：

2020年春节，一场突如其来的新型冠状病毒疫情给我们原本祥和的春节蒙上了一层阴霾，疫情让全国人民的揪心，然而，从武汉到全国各地，无数医务工作者成为最美"逆行者"，走上了抗击新型冠状病毒肺炎疫情的最前线。

案例呈现：

2020年2月10日，习近平总书记在北京地坛医院视频连线武汉市金银潭医院、武汉协和医院的一线医务人员时指出，广大医务工作者一定要坚持下去，发扬特别能吃苦、特别能战斗的精神，发挥火线上的中流砥柱作用，始终把人民群众生命安全和身体健康放在首位，全力以赴救治患者，打好武汉保卫战、湖北保卫战。

数以万计的白衣战士和更多的"逆行者"们，在这个没有硝烟的战场上，同新冠肺炎疫情这个看不见的敌人进行着殊死的斗争！

谁没有自己的亲人，谁不知道平安的可贵，谁不珍惜自己的生命？但是，为了和时间赛跑，同病魔决战，与死神较量，他们毅然决然告别家人，挥别家乡，义无反顾冲上火线，冲上战场！

思考解答：

1.这些逆行者身上体现了哪些优秀的道德品质？

2.中华传统美德的基本精神有哪些？

案例2：文明因交流而多彩　文明因互鉴而丰富

案例导视：

文明因交流而多彩，文明因互鉴而丰富。人类文化和文明发展进步的过程表明，一种文化能够通过与其他文化交流碰撞和冲突融合而保持其生命力，是实现自我更新和自我发展的重要条件。因此，一个国家或民族的道德进步，既要注意在文明交流中坚守自身优秀道德传统，也要在文明互鉴中积极吸收其他有益道德成果。

案例呈现：

https://v.youku.com/v_show/id_XNDE4NTg2NTgzMg==.html

思考解答：

如何积极吸收和借鉴古今中外的一切优秀道德成果？

_____

_____

_____

_____

_____

【综合思考】

试述道德的起源和本质。

_____

_____

_____

_____

_____

_____

_____

_____

_____

【 经典书目推荐 】

[1]中共中央宣传部宣传教育局.中国古代道德故事[M].北京：中共中央党校出版社，2006.

内容简介：本书为"新农村道德建设丛书"之一，向读者介绍了中国古代的经典道德故事。思想道德建设是一项长期的基础性工作，需要持之以恒地抓紧抓好。该书将所搜集的古代故事分为热爱祖国、诚实守信、艰苦朴素等几个大类，深入浅出、生动活泼，有较强的针对性、可读性。

[2]罗国杰.中国革命道德[M].北京：中国人民大学出版社，2013.

内容简介：革命道德是近代以来中国社会大变革的时代性成果，它的生成和发展是伦理道德领域的一次空前革命，标志着封建主义伦理道德体系的终结，开创了中国伦理道德发展的崭新阶段，具有不可磨灭的划时代意义。深刻认识和正确评价革命道德，对于大力弘扬中华民族优良传统，推进新时期精神文明建设，具有重大意义。本书简要介绍了中国共产党领导下的革命斗争中生成和发展起来的革命道德，分析其历史地位、重大作用，及其在当代的新发展。

【 经典视频推荐 】

1.央视栏目：《圆梦中国　德耀中华——第七届全国道德模范颁奖仪式》

2019年9月5日晚，中央文明委在北京举行"德耀中华——第七届全国道德模范颁奖仪式"，隆重表彰第七届全国道德模范。9月15日晚，《圆梦中国　德耀中华——第七届全国道德模范颁奖仪式》在央视播出。颁奖仪式分为"见义勇为""诚实守信""助人为乐""孝老爱亲""敬业奉献"5个篇章，颁奖仪式充分体现庄重感、荣誉感、仪式感，生动展示道德模范的感人事迹，深刻阐发道德模范的崇高精神，大力弘扬崇尚模范、学习先进的鲜明价值追求。

视频链接：

http://tv.cctv.com/2019/09/15/VIDEd8xjBmirDDpEvWyVo3Kl190915.shtml

2.央视栏目：《2019时代楷模发布厅：海军"和平方舟"号医院船》

海军"和平方舟"号医院船，是我国第一艘制式远洋医院船。入列以来，医院船以"和谐使命"任务为主要载体，勇闯大洋锤炼远海卫勤保障能力，远赴海外开展人道主义医疗服务，先后9次走出国门，航行24万余海里，服务43个国家和地区、23万余人次，极大提升了备战打仗水平，有力服务了国家政治外交大局，赢得了国内外高度赞誉。2019年被共青团中央、全国青联授予"中国青年五四奖章集体"，被海军表彰为"人民海军70周年突出贡献单位"，荣立一等功1次、二等功2次、三等功1次。

视频链接：

http://www.wenming.cn/sdkm/hpfz/yxjl/201912/t20191223_5359058.shtml

专题十一
社会主义道德的核心、原则及其规范

▲

【习语金句】

要坚持"两手抓、两手都要硬",以辩证的、全面的、平衡的观点正确处理物质文明和精神文明的关系,把精神文明建设贯穿改革开放和现代化全过程、渗透社会生活各方面,紧密结合培育和践行社会主义核心价值观,大力倡导共产党人的世界观、人生观、价值观,坚守共产党人的精神家园;大力加强社会公德、职业道德、家庭美德、个人品德建设,营造全社会崇德向善的浓厚氛围;大力弘扬中华民族优秀传统文化,大力加强党风政风、社风家风建设,特别是要让中华民族文化基因在广大青少年心中生根发芽。要充分发挥榜样的作用,领导干部、公众人物、先进模范都要为全社会做好表率、起好示范作用,引导和推动全体人民树立文明观念、争当文明公民、展示文明形象。

——2015年2月28日,习近平在会见第四届全国文明城市、文明村镇、文明单位和未成年人思想道德建设工作先进代表时的讲话

【专题导学】

一、学习目标
1.深刻理解社会主义道德的核心、原则的科学内涵。
2.正确认识社会主义道德在社会公德、职业道德、家庭美德和个人品德方面的基本规范和要求。

二、重点和难点
（一）重点
1.理解社会主义道德的核心、原则的科学内涵。
2.把握社会主义道德在社会公德、职业道德、家庭美德和个人品德方面的基本规范和要求。
（二）难点

1.引导学生树立正确的道德价值观和规范意识，正确处理国家、集体和个人的关系。

2.理解社会主义道德的价值属性，引导学生树立明大德、守公德、严私德的自觉意识。

三、主要学习内容

（一）社会主义道德的核心和原则

社会主义道德建设是社会主义文化建设的重要内容。

1.为人民服务是社会主义道德的核心。为什么人服务是道德的核心问题，决定并体现着道德建设的根本性质和发展方向，规定并制约着道德领域中的所有道德现象。为人民服务是社会主义经济基础和人际关系的客观要求。为人民服务是社会主义市场经济健康发展的要求。为人民服务是先进性要求和广泛性要求的统一。为人民服务作为社会主义道德的核心，是社会主义道德区别和优越于其他社会形态道德的显著标志。大学生践行为人民服务，就是要弘扬为人民服务的精神，尊重人、理解人、关心人，为人民、为社会多做好事、多做贡献。

2.集体主义是社会主义道德的原则。集体主义强调国家利益、社会整体利益和个人利益的辩证统一。集体主义强调国家利益、社会整体利益高于个人利益。集体主义重视和保障个人的正当利益。当代大学生应正确认识和处理国家、集体、个人的利益关系，自觉坚持个人利益服从集体利益、局部利益服从整体利益、当前利益服从长远利益，反对小团体主义、本位主义和极端个人主义。

（二）社会公德

社会公德与公共生活密切相关，公共生活需要道德规范来约束和协调。社会公德作为社会公共生活中应当遵守的行为准则，在维护公共秩序方面具有重要的作用。大学生应当自觉培养公德意识，养成遵守社会公德的良好行为习惯。

1.公共生活与公共秩序。公共生活需要公共秩序。有序的公共生活是社会生产活动的重要基础，是提高社会成员生活质量的基本保障，更是社会文明的重要标志。

2.公共生活中的道德规范。公共生活中的道德规范，即社会公德，是指人们在社会交往和公共生活中应该遵守的行为准则，是维护公共利益、公共秩序、社会和谐稳定的起码的道德要求，涵盖了人与人、人与社会、人与自然之间的关系。包括大学生在内的每一个社会成员，都应遵守以文明礼貌、助人为乐、爱护公物、保护环境、遵纪守法为主要内容的社会公德。

3.网络生活中的道德要求。大学生应当遵守网络生活中的道德要求，成为营造清朗网络空间的正能量。要正确使用网络工具，健康进行网络交往，自觉避免沉迷网络，加强网络道德自律，积极引导网络舆论。

（三）职业道德

职业生活中的道德规范，不仅对各行各业的从业者具有引导和约束作用，而且也是促进社会持续健康、有序发展的必要条件。

1.职业生活与劳动观念。职业是指人们由于社会分工所从事的具有专门业务和特定职责，并以此作为主要生活来源的社会活动。职业生活则是人们参与社会分工，用专业的技能和知识创造物质财富或精神财富，获取合理报酬，丰富社会物质生活或精神生活的生活方式。

2.职业生活中的道德规范。职业生活中的道德规范即职业道德，是指从事一定职业的人在职业生活中应当遵循的具有职业特征的道德要求和行为准则，涵盖了从业人员与服务对象、职业与职工、职业与职业之间的关系。爱岗敬业、诚实守信、办事公道、服务群众和奉献社会是职业生活中的基本道德规范。

3.树立正确的择业观和创业观。树立正确的择业观和创业观，对于大学生顺利走进职业生活具有重要的现实意义。要树立崇高的职业理想，服从社会发展的需要，做好充分的择业准备，培养创业的勇气和能力。

4.自觉遵守职业道德。大学生是青年人中的佼佼者，要深刻认识提高职业道德素质的重要性，注重这方面的修养和锻炼，学习职业道德规范，提高职业道德意识，提高践行职业道德的能力。

（四）家庭美德

从恋爱到缔结婚姻和建立家庭，是人生重要的阶段。要注重家庭、注重家教、注重家风，遵守恋爱、婚姻家庭生活中的道德规范，树立正确的恋爱观和婚姻观，处理好复杂的感情和人际关系，有利于大学生的健康成长、顺利成才。

1.注重家庭、家教、家风。注重家庭，家庭和睦则社会安定，家庭幸福则社会祥和，家庭文明则社会文明。注重家教，家庭是人生的第一个课堂，父母是孩子的第一任老师。注重家风，当代大学生应该积极参与家庭文明建设，推动形成爱国爱家、相亲相爱、向上向善、共建共享的社会主义家庭文明新风尚。

2.恋爱、婚姻家庭中的道德规范。恋爱中的道德规范主要有尊重人格平等、自觉承担责任和文明相亲相爱。婚姻是家庭产生的重要前提，家庭又是缔结婚姻的必然结果。婚姻的成功体现为家庭的幸福，家庭的美满又彰显出婚姻的意义。家庭美德以尊老爱幼、男女平等、夫妻和睦、勤俭持家、邻里团结为主要内容，在维系和谐美满的婚姻家庭关系中具有重要而独特的功能。

3.树立正确的恋爱观与婚姻观。大学时代是人生美好的时光。爱情的艳丽花朵，要精心照料才会绽放得更加绚烂多彩。对大学生来说，如果在大学时代与爱情相逢，那就要用心呵护，倍加珍惜。处理好恋爱中的各种关系，是对爱情的祝福，也是对自己的祝福，更是对未来人生幸福的祝福。

（五）个人品德

个人品德在社会道德建设中具有基础性作用。在现实生活中，社会公德、职业道德和家庭美德的状况，最终都是以每个社会成员的道德品质为基础的。社会公德、职业道德和家庭美德建设，最终都要落实到个人品德的养成上。

1.个人品德及其作用。个人品德是通过社会道德教育和个人自觉的道德修养所形成的稳定的心理状态和行为习惯。它是个体对某种道德要求认同和践履的结果，集中体现了道德认知、道德情感、道德意志、道德信念和道德行为的内在统一。个人品德对道德和法律作用的发挥具有重要的推动作用。个人品德是个体人格完善的重要标志。个人品德是经济社会发展进程中重要的主体精神力量。

2.掌握道德修养的正确方法。个人品德需要不断地通过道德修养加以提升。学思并重，省察克治，慎独自律，知行合一，积善成德。

3.锤炼高尚道德品格。大学生锤炼高尚道德品格，就要在知情意信行等方面加强道德修养，提高道德实践能力，自觉讲道德、尊道德、守道德，自觉明大德守公德严私德。

四、学习建议

本专题具有理论与现实联系紧密的特点。理论层面，马克思主义关于社会主义道德核心和原则的论述与时俱进，需要进行思想史梳理；现实层面，伴随着中国特色社会主义进入新时代，社会和大学生的思想出现了许多新情况新问题，需要把握时代性和针对性。落足点是引导大学生自觉讲道德、尊道德、守道德，努力践行社会主义道德。本专题的学习可以采用自主探究法、案例分析法、小组交流讨论法等学习方法。

1.为什么为人民服务是社会主义道德的核心？如何结合社会主义市场经济现实认识这一问题？为什么人服务是道德的核心问题。道德的阶级性决定了道德的价值取向。作为上层建筑，明确了为什么人的问题，就明确了一定政党和政府的政治立场。为人民服务是中国共产党人把马克思主义基本原理与中国革命、建设、改革的具体实践相结合的伟大创造。为人民服务，不仅是坚持历史唯物主义的必然要求，是中国共产党践行的根本宗旨，也是社会主义道德观的集中体现，是全体中国人民共同遵循的道德要求。其中，马克思主义唯物史观、毛泽东的全心全意为人民服务、习近平总书记关于以人民为中心的发展思想等都是这一论断的理论支撑。结合社会主义市场经济现实，可以从以下三个方面论述为人民服务的重要性：第一，为人民服务是社会主义经济基础和人际关系的客观要求；第二，为人民服务是社会主义市场经济健康发展的要求；第三，为人民服务是先进性要求和广泛性要求的统一。进而，明确为人民服务作为社会主义道德的核心，是社会主义道德区别和优越于其他社会形态道德的显著标志。有针对性地澄清为人民服务与社会主义市场经济是对立的、为人民服务只适于党员干部而不能推广到全体人民等误解。

2.如何全面理解集体主义道德原则的内涵？在理论层面，从人本质的社会性出发，认识个人与社会的辩证关系；从社会主义制度出发，认识国家利益、社会利益和个人利益的一致性。在现实层面，明确集体主义原则的基本要求：集体主义强调国家利益、社会整体利益和个人利益的辩证统一；集体主义强调国家利益、社会整体利益高于个人利益；集体主义重视和保障个人的正当利益。在认识层面，明确集体主义离我们并不遥远，就存在和体现于具体的学习工作生活之中。引导认清小团体主义、本位主义和极端个人主义的危害，自觉坚持个人利益服从集体利益、局部利益服从整体利益、当前利益服从长远利益。

3.结合社会上和大学生的思想出现的新情况新问题，采用小组讨论交流法、案例分析法和辩论法等，正确认识社会主义道德在社会公德、职业道德、家庭美德和个人品德等现实层面的基本要求，树立正确的道德价值观和规范意识，正确处理国家、集体和个人的关系，树立明大德、守公德、严私德的自觉意识。

【劳模引领】

郭明义——一名普通矿工的不凡人生

郭明义，全国道德模范、鞍钢矿业公司齐大山铁矿生产技术室采场公路管理员、中共十八大代表。他1977年参军，1980年入党，1982年复员到齐大山铁矿工作。历任矿用大型生产汽车驾驶员、车间团支部书记、矿党委宣传部干事、车间统计员兼人事员、英文翻译等。郭明义曾先后获部队学雷锋标兵、鞍钢劳动模范、鞍山市特等劳动模范、辽宁省劳动模范、全国五一劳动奖章等荣誉称号，是鞍山市无偿献血形象代言人。

他20年无偿献血，累计献血6万多毫升，相当于自身总血量的10倍；他先后为身边工友、特困学生和灾区群众捐款12万元，资助了180多名特困生；他8次发起捐献造血干细胞的倡议，有1700多名矿业职工参与；他7次发起无偿献血的倡议，共有600多名矿业职工参与，累计献血15万毫升；他发起的捐资助学活动，有2800多名矿业职工参与，资助特困生1000多名，捐款近40万元；他发起成立的遗体和眼角膜捐献志愿者俱乐部，已有200多名矿业职工参与。

从"郭大哥""郭师傅"，到"郭大爷"，人们对他的称呼有很多种；从"郭大傻""郭大侠"，到"郭大使"，他被越来越多的人铭记；从"铁山楷模""爱心使者"，到"雷锋传人"，他的事迹在一代一代人中传递。郭明义，这名鞍钢集团矿业公司齐大山铁矿生产技术室的普通采场公路管理员，入党30年来，在自己平凡的岗位上创造出了不平凡的人生传奇。

火热的矿场催化他奋斗的激情。几十年来，这个普通矿山职工热心关爱每一个遇到困难的人。齐矿修路作业区党支部书记刘洪良说："老郭没有什么惊天动地的业绩，可这些普普通通的小事一干就是几十年，他像一团火温暖着大家，我们这个社会缺少的就是这种人间真情啊！"

绿色的军营铸就他刚毅的品格。郭明义所在的部队位于黑龙江省牡丹江市海林县，当地天气非常寒冷。每天早上，郭明义都是第一个起床，冒着严寒外出挑水。由于地面上的结冰使脚下打滑，扁担上的水桶不时摆动溅出水来洒在衣服上结成冰，挑水回来时他的身上经常挂着冰块，对此，他不叫一声苦。挑满水缸后，又忙着砍柴、生炉子、烧水，只为了能让战友们起床后马上就用上热水。在自己班里忙完了，他又到别的班去做这些事，常常是全排的这些杂事都叫他一个人包了。在承担部队战备机动任务期间，一名战友驾驶的车横拉杆脱落了，郭明义忍着零下40摄氏度的严寒，爬到车底帮他抢修了40多分钟，差点把耳朵冻坏。有一次，看到战友驾驶的车由于天冷路滑无法行走，他便把大衣脱下来垫到车轮下，车子可以行走了，可他的大衣却被碾得支离破碎。

铮铮誓言激励他进取的信念。作为一名党员，郭明义深知仅有热情和干劲是不够的，必须不断刻苦学习，增长才干，提升综合素养和思想觉悟，才能更好地践行党的宗旨和信念。在部队时，他就利用一切机会进行文化学习。1982年参加工作后，他每天骑自行车来回20多公里，到市内上夜校。1984年，他参加了国家人事部组织的全国统一录用干部考试并顺利通过。1991年，他参加了统计员全国统考，是当时矿山公司唯一获得资质证书的人。1992年他又通过自学，考入了齐大山铁矿在鞍钢干部管理学院举办的英语培训班，进行了一年的英语强化学习，1993年，国家重点建设项目齐大山铁矿扩建工程开工了，矿长点名让郭明义负责33台154吨电动轮汽车组装的现场翻译和资料翻译工作。

默默奉献诠释他无尘的忠贞。1996年，电动轮汽车投入使用后，齐矿决定配备一名专业技术干部，主管采场公路的设计、建设和管护工作。领导们不约而同地选择了郭明义。从此，他在这个异常艰苦的岗位上，一干就是15年。

郭明义经常被人问起：老郭，你这么做到底图什么？郭明义笑呵呵地说："每个人都有不同的人生追求、人生选择。从入党那天起，我就选择了跟党走、多为别人奉献的人生道路。所以说，我所做的一切，都是一名党员最基本的责任和义务，都是我应该做的事。"

（资料来源：光明网、七台河民政局）

【问题导学】

1.为什么为人民服务是社会主义道德的核心？如何结合社会主义市场经济现实认识这一问题？紧紧抓住社会主义制度是建立在社会主义公有制的基础上的，因而体现的是全体人民的根本利益。社会主义市场经济体系的现实问题上，要体会社会主义的市场经济和资本主义的市场经济的本质区别。

2.如何全面理解集体主义道德原则的内涵？从集体主义原则是为人民服务这一核心价值的具体体现的角度去理解。

3.如何看待当前道德领域的突出问题？如何看到道德冷漠现象？道德到底是滑坡了还是进步了？网络时代是否可以不讲道德？职业变迁了，可以不要道德吗？家庭生活中是否有法律和感情就够了？

【实践课堂】

项目名称：辩论赛

项目目标： 理，不辩不明。辩论让我们知礼懂"德"；辩论让我们明辨黑白是非；通过辩论，让我们知耻扬荣；辩论鞭策我们成为一个有道德修养的新时代文明大学生。

项目活动设计：

（一）项目要求

1.场地最好是能活动桌椅的教室，方便摆成适合辩论的场景。

2.每组选出四个主辩手，并且按职责分为一辩、二辩、三辩、四辩，其他同学为非主辩手。主辩手要求着正装，声音洪亮清晰。所有辩手不得拿手机宣读。

3.辩论时间：12分钟左右。

（二）参考题目

1.正方：遵守道德，是幸福的；反方：遵守道德，是不幸的。

2.正方：遵守公德是自由的；反方：遵守公德是不自由的。

3.正方：爱是无价的；反方：爱是有价的。

4.正方：大学生兼职更利于成长；反方：大学生兼职不利于成长。

5.正方：干一行，爱一行；反方：爱一行，干一行。

6.正方：女孩干得好比嫁得好重要；反方：女孩嫁得好比干得好重要。

也可根据上课进程，参考当下社会热点问题，出辩论题目。

（三）项目具体操作步骤

1.开篇立论阶段（陈词）（共2分钟）。先由正方一辩进行立论，再由反方一辩立论，双方时间各为1分钟。

2.互相辩论阶段（共8分钟）。以正、反方二、三辩手为主进行互相攻辩，其他辩手也可参加互辩。双方各有4分钟左右辩论时间。互辩中可以向对方某一辩手提问，并指定对方这一辩手作答。指定辩手无答辩时，其他辩手方可答辩。

在每个攻辩阶段中，攻辩双方应有理有节，用摆事实、讲道理的方式进行，严禁互相攻击和纠缠枝节问题。

辩手应充分利用互相辩论这段时间，举实例、讲道理，简洁明了地加强本方论点，反驳对方论点。如进行空洞无物的攻辩、有意回避对方提问、纠缠枝节问题、产生逻辑问题、言语混乱等，将影响到该队成绩。

3.总结陈词（共2分钟）。先后由正反方四辩进行总结陈词，时间各1分。（若辩手还未停止，主持人提醒)

（四）评分标准（满分10分）

1.论据内容丰富，引述资料充实、恰当。满分4分。

2.论证的逻辑性、说服力强。满分2分。

3.普通话标准，语言表达流畅，有文采。满分1分。

4.机智、幽默、反驳有力有节、反应能力强。满分2分。

5.着装得体、举止大方、风度佳。满分1分。

注意事项：参赛时可自备卡片、纸条，但切忌通篇宣读或拿手机宣读。赛后，将资料整理交老师存档。

项目实施感悟：

_____

_____

_____

_____

【案例解析】

案例1："风暴眼里的逆行者"张定宇

案例导读:

面对危险,趋吉避凶是我们每一个人的本能。而有这样一群人,在危难时刻总能挺身而出,为我们去平息这些危险。2020年这个抗疫的春天,有这样一群逆行者,冲在前面,危难时刻替我们负重前行。有这样一个人——武汉金银潭医院张定宇院长,用渐冻生命托起了希望。

案例呈现:

56岁患渐冻症的张定宇,带领全院800多名党员干部职工在战线最前沿奋战70余天,日夜扑在一线,为新冠肺炎患者筑牢了一条生命通道。

2019年12月29日,首批新冠肺炎患者转入金银潭医院,56岁患有渐冻症的张定宇院长,迅速研判,率先决定采集患者支气管肺泡灌洗液,送往中科院武汉病毒所进行检测,为病毒检测赢取宝贵时间;他紧急布置,抽调人手,短时间内新增4个ICU;启用事先贴钱训练、操作娴熟的ECMO团队,提前库存足量的高流量呼吸湿化治疗仪,使重症病人得到及时、高效救治;依托2017年创建的GCP获批全国新药临床评价技术平台,携手王辰院士、中日友好医院曹彬教授展开克力芝、枸橼酸铋钾、瑞德西韦治疗新冠肺炎的药物临床研究。

这场战争已进行70余天,他无暇顾及同在抗疫一线被新冠病毒感染的妻子,日夜扑在一线,带领全院800多名党员干部职工冲在战疫最前沿。自疫情发生以来,医院已收治超过2413名新冠肺炎患者,且50%左右为重症、危重症,累计治愈出院率已超过66%。

战事还远未结束,还会有惨烈,有悲壮,甚至牺牲。而他自己,也将继续与命运叫板,与病魔竞速,在抗击疫情的最前沿,用渐冻的生命,与千千万万白衣卫士一起,托起信心与希望,托起无数人的生命与健康。

(资料来源:新华网)

思考解答:

结合案例,谈谈你对社会主义道德的原则和核心的认识和理解。

_____

_____

_____

_____

_____

案例2:倡导好风尚　弘扬正能量

案例导视:

2019年,中央文明委评选表彰了新一届全国道德模范。习近平总书记对全国道德模范表彰活动做出重要指示并强调:全国道德模范体现了热爱祖国、奉献人民的家国情怀,自强不息、砥砺前行的奋斗精神,积极进取、崇德向善的高尚情操。要广泛宣传道德模范的先进事迹,弘扬道德模范的高尚品格,引导人们向道德模范学习,争做崇高道德的践行者、文明风尚的维护者、美好生活的创造者。

案例呈现:

http://tv.cctv.com/2019/11/22/VIDEZulMbxGQPyQLmWiLyvLZ191122.shtml

思考解答:

如何理解社会公德、职业道德、家庭美德、个人品德的基本要求?

_____

_____

_____

_____

_____

【综合思考】

社会主义市场经济条件下为什么要继续坚持集体主义、反对个人主义?

_____

_____

_____

_____

_____

_____

_____

_____

_____

【经典书目推荐】

[1]习近平.习近平谈治国理政：第二卷[M].北京：外文出版社，2017.

内容简介：中共十八大以来，以习近平同志为核心的中共中央，团结带领全党全国各族人民，紧紧围绕实现"两个一百年"奋斗目标和中华民族伟大复兴的中国梦，坚持和发展中国特色社会主义，统筹推进"五位一体"总体布局、协调推进"四个全面"战略布局，迎难而上，开拓进取，取得了改革开放和社会主义现代化建设的历史性成就，解决了许多长期想解决而没有解决的难题，办成了许多过去想办而没有办成的大事，推动中国共产党和国家事业取得了历史性成就、发生了历史性变革，中国特色社会主义进入新时代。在治国理政新的实践中，以习近平为主要代表的中国共产党人，顺应时代发展，从理论和实践结合上系统回答了新时代坚持和发展什么样的中国特色社会主义、怎样坚持和发展中国特色社会主义这个重大时代课题，创立了习近平新时代中国特色社会主义思想，为决胜全面建成小康社会、夺取新时代中国特色社会主义伟大胜利、实现中华民族伟大复兴的中国梦、实现人民对美好生活的向往提供了行动指南，也为推动构建人类命运共同体、促进人类和平与发展事业贡献了中国智慧和中国方案。中共十九大把习近平新时代中国特色社会主义思想确立为中国共产党必须长期坚持的指导思想，实现了中国共产党的指导思想又一次与时俱进。

[2]中共中央文献研究室.习近平关于社会主义文化建设论述摘编[M].北京：中央文献出版社，2017.

内容简介：本书内容摘自习近平同志2012年11月15日至2017年9月19日期间的讲话、报告、演讲、指示、批示、贺信等140篇重要文献，分9个专题，共计326段论述。其中许多论述是第一次公开发表。

【经典视频推荐】

1.央视栏目:《中国好人榜发布仪式——"平凡的岗位　不平凡的坚守"》

2019年9月,中国好人榜发布仪式暨全国道德模范与身边好人现场交流活动在陕西省铜川市举行。视频为"敬业奉献中国好人"李文强和"敬业奉献中国好人"李建平现场访谈。李文强,陕西省铜川市耀州区石柱镇光明村村医。因罹患先天性疾病,腿脚不灵便,走路需要靠拐杖支撑。他身高不到一米五、体重只有76斤,却16年来奔波在山村中,守护着全村村民的身体健康。李建平,陕西省宜君县看守所所长。从警多年,他爱岗敬业、忠于职守,在平凡的岗位上默默奉献,无私付出,是大家公认的好民警。

视频链接:

http://www.wenming.cn/zgwmw_ysp/ysp_ws/weishi_haorenzhongguo/haorenzhongguo_fangtan/201910/t20191021_5291196.shtml

2.央视栏目:《2020时代楷模发布厅——莫高窟的守护者们》

时代楷模是由中宣部集中组织宣传的全国重大先进典型。时代楷模充分体现"爱国、敬业、诚信、友善"的价值准则,充分体现中华传统美德,是具有很强先进性、代表性、时代性和典型性的先进人物。时代楷模事迹厚重感人、道德情操高尚、影响广泛深远。2020年1月17日,时代楷模发布厅发布:敦煌研究院文物保护利用群体是以常书鸿、段文杰、樊锦诗等为代表的几代莫高窟守护人。70多年来,莫高窟的守护者们扎根大漠,不计个人得失,舍小家顾大家,以强烈的使命担当、无私的奉献精神,精心保护和修复敦煌石窟珍贵文物,潜心研究和弘扬敦煌文化艺术,努力探索推进文化旅游合理开发,取得了令世人瞩目的巨大成就,受到党和政府以及社会各界的高度评价和赞誉。

视频链接:

http://tv.cctv.com/2020/01/17/VIDETJGskYxW2lxACgTSzRYg200117.shtml

专题十二
在实践中养成优良道德品质

【习语金句】

全国道德模范体现了热爱祖国、奉献人民的家国情怀，自强不息、砥砺前行的奋斗精神，积极进取、崇德向善的高尚情操。要广泛宣传道德模范的先进事迹，弘扬道德模范高尚品格，引导人们向道德模范学习，争做崇高道德的践行者、文明风尚的维护者、美好生活的创造者。要培育和践行社会主义核心价值观，推进社会公德、职业道德、家庭美德、个人品德建设，深化群众性精神文明创建活动，着力培养担当民族复兴大任的时代新人，让社会主义道德的阳光温暖人间，让文明的雨露滋润社会，为奋进新时代、共筑中国梦提供强大精神力量和道德支撑。

——2019年9月5日，习近平对全国道德模范表彰活动做出重要指示

【专题导学】

一、学习目标

1.引导和帮助大学生正确把握向模范学习、参与志愿服务活动和引领社会风尚等基本理论。

2.理解并领悟高尚道德品格的形成重在实践、贵在坚持，使大学生投身崇德向善的道德实践之中，努力做到向上向善、知行合一。通过学习强化社会责任意识、规则意识、奉献意识，养成优良的道德品质，为成为以民族复兴为己任的时代新人奠定良好的道德基础。

二、重点和难点

（一）重点

1.道德认识和道德实践的关系。

2.向道德模范学习的必要性。

3.志愿服务的内涵、精神。

（二）难点

引导大学生认识向上向善、知行合一的重要性，树立道德实践养成的自觉意识，自觉投身崇德向善的道德实践，弘扬真善美、贬斥假恶丑，做社会主义道德的示范者和引领者。

三、主要学习内容

（一）向道德模范学习

1.道德模范的内涵。道德模范主要是指思想和行为能够激励人们不断向善且为人们所崇敬、模仿的先进人物。道德模范既包括在一定社会道德实践中涌现的符合特定道德理想类型的人物，又包括人们日常生活中能够近距离感受的具有积极道德影响的人物。

2.道德模范的类型。改革开放以来，各个地区、各行各业、各类人群都涌现出一大批具有先进事迹和高尚品格的道德模范，有助人为乐模范、见义勇为模范、诚实守信模范、敬业奉献模范、孝老爱亲模范等。榜样的力量是无穷的。道德模范用自己的行动诠释着道德的内涵，展示着道德的力量。

3.道德模范是可学的。尊崇、学习道德模范，是时代的呼声、群众的心声。道德模范是群众身边看得见、摸得着的榜样，是可以学、能够学的"标杆"。一些人认为道德模范固然可敬可爱，但不可学，因为他们太高尚。其实，道德模范都是从自我做起，从身边事做起，从小事做起，以此实现了由现实自我向理想自我的飞跃。优良的品质、高尚的人格并非一蹴而就，而是逐渐积累的结果。大学生要时时处处以道德模范为榜样，多做好事，多办实事，做社会良知的守望者、积极传播者和践行者。

（二）参与志愿服务活动

1.志愿服务和志愿服务精神。志愿服务是指志愿贡献个人的时间及精力，在不求任何物质报酬的情况下，为改善社会、促进社会进步而提供的服务。志愿服务的精神是奉献、友爱、互助、进步。其中，奉献精神是精髓。志愿服务是培育和弘扬社会主义核心价值观的重要载体。

2.志愿精神与雷锋精神在本质上是高度统一的，都是社会主义核心价值观的生动体现。我国各地各有关部门把志愿服务与学雷锋活动有机结合，形成了志愿服务的中国特色，促进了志愿服务的制度化、常态化，推动志愿服务队伍规模不断壮大。

3.志愿服务已经成为大学生参与社会实践、成长成才的重要舞台，成为大学生关爱他人、传播青春正能量的重要途径。大学生积极投身志愿服务活动，一是到最需要的地方去；二是帮助弱势群体；三是做力所能及的事。

（二）引领社会风尚

1.良好的社会风尚是人们在社会道德实践中逐渐形成起来的。大学生投身崇德向善的道德实践，要弘扬真善美、贬斥假恶丑，做社会主义道德的示范者和引领者，促成知荣辱、讲正气、做奉献、促和谐的社会风尚。

2.引领社会风尚的着力点。（1）知荣辱。荣辱观对个人的思想行为具有鲜明的动力、导向和调节作用。社会风尚同荣辱观紧密相连，两者相互影响、相互作用。（2）讲正气。讲正气，就是坚持真理、坚持原则、坚持同一切歪风邪气做斗争。要做到讲正气，在日常生活中就要洁身自好、严于律己，自觉远离低级趣味；积极维护社会公共秩序，抵制歪风邪气，敢于伸张正义、见义勇为，坚决同践踏社会道德风尚的一切行为做斗争。（3）做奉献。奉献精神是社会责任感的集中表现。奉献精神传递社会温暖，能够拉近人与人之间的距离，建立和谐的人际关系和稳定的社会秩序，促进社会健康有序地发展。选择奉献也就选择了高尚。（4）促和谐。对于大学生来说，促和谐就是要促进自我身心的和谐、个人与他人的和谐、个人与社会的和谐、人与自然的和谐等。大学生要用和谐的态度对待人生实践，使崇尚和谐、维护和谐内化为自己的思想意识和行为习惯，推动人与人之间、人与社会之间融洽相处，实现人与自然之间友好共生。

四、学习建议

本专题的学习可以采用自主探究、案例分析、交流讨论等学习方法。在同学们的学习认识过程中，有以下几点建议：

（一）本专题在整个课程体系中的定位。本专题是教材第五章教学的落足点。在专题教学中，上接第十一专题。

（二）准确把握本专题教学的重点、难点及其破解的逻辑思路。本专题聚焦于道德实践问题，必须坚持认识与实践辩证统一的原则。学习向道德模范学习内容时，建议结合身边的道德模范事迹。学习参与志愿服务活动内容，建议结合学生社团活动，尤其要明确如下三个问题。

1.道德模范是可学的。道德模范是社会的良心，本身就很高尚。一些人认为道德模范固然可敬可爱，但不可学，因为他们太高尚。须知道德模范就是我们身边的人，可识，可亲、可爱、可敬、可学，只要遵纪守法，心中有爱，向上向善，人人都能够成为道德模范。要充分寻找身边人的闪光点，全方位深入了解道德模范的生活，对比、反思自己的思想行为，积极践行，日积跬步，人人可行。

2.志愿精神与雷锋精神在本质上是高度统一的。（1）要搞清楚雷锋精神。不但要知道雷锋做了什么，更应搞清楚他有着怎样的理想、信念、人生观和价值观，他是怎样解决好"为谁活着、怎样做人"这个根本问题的。同时直面问题、辨析错误言论，比如雷锋精神"过时论""超前论""同市场经济对立论"等观点。（2）搞清楚志愿精神。志愿精神是中华文化和智慧的赓续、是当代社会主义核心价值理念在志愿服务工作中的集中彰显，为中国精神提供了丰厚的精神滋养。同时，注意辨析对志愿精神的盲目理解，避免西化的"话语陷阱"。（3）要搞清楚志愿精神与雷锋精神的辩证统一关系。必须坚持科学的方法论，用辩证的方法、从本质的高度、从历史发展的趋势看雷锋精神与志愿精神的关系与发展。

3.要明确自身的定位。大学生今天是莘莘学子，未来是社会精英，是未来社会风尚的引领者，从自身做起，促成知荣辱、讲正气、做奉献、促和谐的社会风尚，是每一个当代大学生义不容辞的责任。

【劳模引领】

李素丽——为人民服务没有"终点站"

李素丽，女，汉族，1962年出生，中共党员，公交"李素丽服务热线"负责人。曾任北京市公交总公司公汽一公司第一运营分公司21路公共汽车售票员。她自1981年参加工作后，在平凡的岗位上，把"全心全意为人民服务"作为自己的座右铭，真诚、热情地为乘客服务，被誉为"老人的拐杖，盲人的眼睛，外地人的向导，病人的护士，群众的贴心人"。1992年荣获首都劳动奖章；1993年获全国五一劳动奖章；1994年被评为全国建设系统劳动模范；1996年后先后荣获五四奖章、全国三八红旗手、全国职业道德标兵和全国优秀共产党员等荣誉称号。2000年被评为全国劳动模范。

"北京有个李素丽，服务那可真周到。"几十年过去了，公交车售票员李素丽，仍被人们津津乐道。

1981年，李素丽因为12分之差没考上大学，在当公交司机的父亲的影响下，成了一名售票员。从此，平凡的售票台成了她人生最大的舞台。

"每一条公共汽车的线路都有终点站，但为人民服务没有'终点站'。"李素丽说。

车辆进出站时，李素丽售票台旁的车窗总是开着，这样下雨时她就能及时从车窗内伸出雨伞，为乘客遮雨；即使车厢里人再多，她都坚持在车厢里穿行售票，就为让乘客少走几步……

18年的坚守与奉献，李素丽将平凡变得不凡。做老年人的拐杖、盲人的眼睛、外地人的向导、病人的护士、群众的贴心人……她用自己的实际行动，赢得了人们的尊敬。

根据工作需要，1998年10月，李素丽调到北京公共交通总公司服务处工作；1999年12月10日，开通"公交李素丽服务热线"；2008年，任北京交通服务热线主任；2015年1月，北京市政企分开，李素丽任北京公交集团客户服务中心经理……从一名普通员工到管理人员再到领导干部，身份变了、服务环境变了，但李素丽全心全意为人民服务的思想始终如一。

"您下车之后，往左走，七八十步，就到地铁站。"用"前后左右"代替"东南西北"，用"步数"代替"距离"，北京公交集团客户服务中心的指路方式有些与众不同。

"因为问路者多为外地人，不习惯用东南西北来辨别方向。"北京公交客户服务中心的接线员告诉记者，这个"步数"，是他们每个人下班后，一步步量出来的，"这是成立热线时，李素丽定下的规矩"。

2017年4月1日，李素丽正式退休，但她又投身公益慈善事业，为人民服务，仍在继续……

（资料来源：人民日报）

【问题导学】

1.和谐社会为什么要加强道德建设？作为公民的一分子，如何加强自身的道德修养？什么样的人能够成为品德高尚的人？怎样成为一个道德高尚的人？"人过留名，雁过留声"，品德高尚的人能给社会留下什么？道德是社会共同的行为规范，作为社会中特定角色的个体，应该具备什么样的道德，如何修养自己的道德，才是道德教育的大课题。

2.什么是志愿服务？志愿精神与雷锋精神是什么关系？参与志愿服务活动有什么好处？你准备怎样参与到志愿服务活动中去？你认为各种志愿服务活动应如何招募到更多的志愿者？如果你已经参与了某项志愿服务活动，你认为怎样能够把服务活动做得更好？通过参与各类道德活动，自己可以力所能及地参与社会服务，增加和积累道德体验，养成道德行为习惯。

3.你如何看待一个大学生在当代社会中的定位？从这个定位出发，怎样才能够做到引领社会风尚？目前最亟须做的是什么？目前最大的困惑是什么？如何解决当前困惑？当代大学生面临步入社会，真实的社会生活与学校生活有着很大的反差，作为大学生，应该在社会生活中引领社会风尚，解决困惑。

【实践课堂】

项目名称："寻找身边好人"——第二届"学生微电影拍摄"展示活动

项目目标：倡导学生以"寻找身边好人"为主题，用微电影的方式，展现学生身边的好人好事，积极引导学生投身崇德向善的道德实践，向道德模范学习，培养志愿服务精神，弘扬时代新风，强化社会责任意识、规则意识和奉献意识。

项目活动设计：

1.作品主体：可个人独立完成，也可3人合作完成。

2.作品时长：5~15分钟。

3.作品形式：需取材实际生活中的真人真事，可以以新闻纪录片的形式，通过采访当事人、相关人去呈现好人好事，也可以通过角色扮演、情景再现的方式，讲述好人好事。微电影可以配乐、可以有解说词，必须有字幕。

4.作品内容：寻找身边好人，展现其感人事迹，体现其明大德、守公德、严私德等方面的优良品质，引领道德风尚。

5.作品应是一个完整视频，微电影片头要有主题名称"青岛职业技术学院'思想道德修养与法律基础'实践项目——寻找身边好人"、作者学院专业班级、作者姓名、指导教师姓名。片尾要有制作时间。微电影须注重其真实性和艺术性的统一。

项目实施感悟：

_____

_____

_____

_____

_____

【案例解析】

案例1：平民英雄袁兆文

案例导读：

在派出所扔下一万两千元捐款和一张"急转武汉"的字条转身就走，日照市东港区西湖镇环卫工袁兆文大爷的这一爱心举动感动了太多人。袁兆文由此上榜阿里巴巴天天正能量联合《齐鲁晚报·齐鲁壹点》推出的"战疫英雄榜"。他说："我只做了一点小事，称不上英雄。"

案例呈现：

1月31日上午，日照东港区一位环卫工人来到东港公安分局西湖镇派出所，从布袋里掏出一摞钱放到值班民警跟前，说了句"看留言"，转身就走。

民警打开纸包后，发现里面是一沓钱和一张纸条，上面写着："急转武汉防控中心，为白衣天使加一点油，我的一点心意。东港环卫。"清点过后，民警确认那是12000元。

值班民警在第一时间向领导汇报，并马上向西湖镇党委和东港公安分局做了汇报，争取第一时间把老人的心意送达。

最终，西湖派出所找到了这位暖心大叔，大叔名叫袁兆文，只是一名普通的环卫工人，只想能为武汉做点贡献。

从老人进门到离开，17秒的时间。老人用17秒的时间感动了全国。当晚，人民日报微博、抖音等平台纷纷推送，不少网友留言："大爷，你匆匆离去的样子真帅！""这是最神圣的背影！"

思考解答：

1.一个普通人在平凡的生活中如何让心中充满正能量？

_____

_____

_____

_____

2.灾难来临时，是什么样的信念能够让一个普通人舍己为人甚至舍生取义？

_____

_____

_____

_____

_____

案例2：第七届全国道德模范座谈会在京举行

案例导视：

第七届全国道德模范座谈会于2019年9月5日上午在京举行。中共中央政治局常委、中央书记处书记王沪宁会见了受表彰代表。

座谈会上宣读了表彰决定，张富清等58位同志被授予第七届全国道德模范荣誉称号，张佳鑫等257位同志被授予第七届全国道德模范提名奖。第七届全国助人为乐模范、湖北省军区武汉第七离职干部休养所离休干部马旭，第七届全国敬业奉献模范、四川航空集团有限责任公司飞行员刘传健，第六届全国敬业奉献模范、浙江大学医学院附属邵逸夫医院眼科主任姚玉峰以及有关方面负责同志分别发言。

案例呈现：

https://tv.sohu.com/v/dXMvMTM1NTU3NzA2LzE1MTIwNDY5OC5za

HRtbA==.html

思考解答：

请选取一个你熟悉的道德模范（或者中国好人）的故事，结合实际学习生活事例谈谈，作为新时代青年，我们应当如何加强个人道德修养？

_____

_____

_____

_____

_____

_____

【综合思考】

学生如何通过参与道德实践引领社会风尚？

_____

_____

_____

_____

_____

_____

_____

_____

_____

_____

【经典书目推荐】

[1]蔡元培.中国人的修养[M].北京：作家出版社，2016.

内容简介：本书是蔡元培公民道德修养方面的代表作，主要收录了他重要的道德思想代表作品《华工学校讲义》和《中学修身教科书》，并收录了他其他几篇有关道德修养的文章，充分体现了蔡元培先生对于现代中国人应具有的道德素养的总体构想。

[2]曹兰胜.道德教育对生活世界的疏离与回归[M].北京：中央编译出版社，2019.

内容简介：本书针对当前道德教育回归生活世界的学术热点，探索了道德教育疏离生活世界的标准、现象、后果及原因等议题，明确了其回归生活世界是一种系统的、合理的和时代的回归。道德教育回归生活世界有其发展的必然性，也有其现实可行性。因为道德教育与生活世界同构，都是为人的，都是对"如何做人和如何生活"基本问题的追寻。道德教育回归生活世界是道德教育发展的时代载体需要，也是存在于生活世界中人们完善理想人格和追求幸福生活的需要。它不仅给予了人们不断成就自我和获得幸福的美好期许，也推动了新时代道德教育的前进步伐，有助于增强道德教育的实效性，锻炼担当民族复兴大任的时代新人，书写中华民族伟大复兴历史进程中的辉煌篇章。

【经典视频推荐】

1.纪录片：《英雄之城》

很多年后，当人们回望抗击新冠肺炎疫情这场战"疫"，一定会想起2020年初武汉关闭离汉通道的那个遥远的日子。随着关闭而开启的，不是魔幻现实主义的剧情，而是一场防控疫情的人民战争。基于60多位记者拍摄的大量珍贵影像，新华社倾力打造了重磅纪录片《英雄之城》，记录这段不应被忘却的历史。纪录片首次揭秘了一些武汉战"疫"中"关键之举"背后的故事。

视频链接：

https://v.qq.com/x/page/h0940sp1mxz.html

2.央视栏目：《道德观察：温暖的便利贴》

在奔赴武汉做志愿者之前，楼威辰做了最坏的打算，还给自己写好了墓志铭。两个多月时间里，他花光了自己攒了两年多的积蓄，为有困难的人采购、配送生活物资，用一张张手写的便利贴给无数陌生人带去了温暖和希望。

视频链接：

https://tv.cctv.com/2020/06/08/VIDEh8gFxdZck0lackayG4Wu200608.
shtml?spm=C81395.P3Wm5CABC3l2.EMnIwCyJdwkZ.160

专题十三

我国社会主义法律的本质和作用

【习语金句】

要贯彻中国特色社会主义法治理论，贯彻新发展理念，同我国发展的战略目标相适应，同全面建成小康社会、全面深化改革、全面从严治党相协同，扎扎实实把全面依法治国推向前进，确保制度设计行得通、真管用，发挥法治固根本、稳预期、利长远的保障作用。

——2019年2月25日，习近平在中央全面依法治国委员会第二次会议上的讲话

【专题导学】

一、学习目标

1.掌握法律的含义、本质及历史发展，明确社会主义法律是对历史上各种类型法律制度的超越。

2.掌握社会主义法律的本质特征和作用，深刻理解我国社会主义法律对"五位一体"总体布局的保障作用。

3.了解社会主义法律运行的四个环节，明确全面依法治国要从这四个方面统筹推进，构建全面依法治国的基本格局。

二、重点和难点

（一）重点

1.法律的本质。

2.我国社会主义法律的本质特征。

3.社会主义法律的作用。

（二）难点

1.我国社会主义法律的本质特征。

2.我国社会主义法律对"五位一体"总体布局的保障作用。

三、主要学习内容

（一）我国社会主义法律的本质

1.法律的概念。马克思主义认为，法律是由国家制定或认可，并以国家强制力保证实施的，反映由特定社会物质生活条件所决定的统治阶级意志的规范体系。在我国，广义的法律指法律的整体，狭义的法律仅指全国人民代表大会及其常务委员会制定的法律。本专题所讨论的法律是指广义的法律。

2.法律的历史发展。人类历史上有四种类型的法律制度，即奴隶制法律、封建制法律、资本主义法律、社会主义法律。奴隶制法律、封建制法律和资本主义法律都是建立在私有制经济基础上的剥削阶级类型法律，而社会主义法律是人类历史上唯一以公有制为经济基础，旨在实现人的全面发展和全体社会成员的共同富裕的新型法律制度，是对历史上各种类型法律制度的超越。

3.我国社会主义法律的本质特征。从法律所体现的意志来看，我国社会主义法律体现了党的主张和人民意志的统一。我国社会主义法律既具有鲜明的阶级性，又具有广泛的人民性，体现了阶级性与人民性的统一。中国共产党领导人民制定和实施宪法法律，党自身又必须在宪法法律范围内活动，成为我国社会主义法律本质特征的一个重要表现。

从法律的实质内容来看，我国社会主义法律具有科学性和先进性。我国社会主义法律冲破了少数人狭隘利益的局限，反映了全体人民的共同意志和利益，这与历史唯物主义所揭示的人类社会发展规律和发展方向是一致的，与法律自身的发展规律和发展方向也是一致的，因而较其他类型的法律制度更具科学性和先进性。

从法律的社会作用来看，我国社会主义法律是中国特色社会主义建设的重要保障。我国的经济建设、政治建设、文化建设、社会建设和生态文明建设以及其他各项事业的发展，都离不开社会主义法律的引领、规范和保障。

（二）我国社会主义法律的作用

法律的作用是指法律对人们的行为和社会关系所产生的影响和效果。从法律的内容来看，法律具有规范作用，主要包括指引作用、评价作用、教育作用、预测作用和强制作用。从法律的本质和目的来看，法律又具有社会作用，即法律在维护特定的社会关系和社会秩序方面的作用。

我国法律的社会作用体现了社会主义的本质要求。我国社会主义法律对"五位一体"总体布局具有保障作用，经济发展、政治清明、文化昌盛、社会公正、生态良好，都离不开社会主义法律的引领、规范和保障。

（三）社会主义法律的运行

法律的运行是一个从创制、实施到实现的过程。这个过程主要包括法律制定（立法）、法律执行（执法）、法律适用（司法）、法律遵守（守法）等环节。我们进行全面依法治国，就要从这四个方面统筹推进，构建全面依法治国的基本格局。

四、学习建议

学习本专题应当结合党的十九大精神和习近平总书记的相关重要论述等文献资源，运用案例分析、自主探究、交流讨论等方法来学习本专题内容。

1.法律的含义。这是法理学的内容，需要运用马克思主义的立场、观点、方法来分析和理解法律理论问题，可以通过广泛查阅资料，了解古今中外对法律的不同理解，以开阔视野。

2.社会主义法律的作用。本部分内容是本专题的重点和难点，需要联系党的十八届四中全会通过的《中共中央关于全面推进依法治国若干重大问题的决定》的相关内容和习近平总书记的相关重要论述，结合中国特色社会主义法治建设的生动实践，围绕现实生活中出现的典型案例，深刻理解我国社会主义法律对"五位一体"总体布局的保障作用。

3.社会主义法律的运行。本部分可以通过案例分析、小组讨论来理解社会主义法律运行的四个环节，为学习专题十四中的全面依法治国的基本格局的内容奠定知识基础。

【劳模引领】

赵永清：用法律为企业"走出去"保驾护航

赵永清，男，1962年7月出生，中共党员，硕士研究生学历，现任浙江盛宁律师事务所主任(宁波)，宁波市政府法律顾问，宁波大学硕士生导师。2012年获浙江省司法行政系统第三届百名优秀人物（"十优律师"）称号，2015年4月被宁波市总工会授予宁波市五一劳动奖章，2016年被评为全国司法行政系统劳动模范。

2000年底，走出校门仅四年的赵永清，领衔成立了浙江盛宁律师事务所，并确定了"把法律服务延伸到国外"的发展目标。

中国先锋电器集团有限公司是全球取暖器三大制造商之一，2008年，美国一家企业在美国联邦法院提起针对该公司的产品责任诉讼，提出了巨额赔偿要求。赵永清仔细研究了案情，认定这是讹诈行为，指示美国的代理律师准备反对管辖权的文件及证人证词等。2011年11月，法院最终认定我方主张成立，驳回原告起诉。

2013年，赵永清和他的团队参与美国能源部针对宁波一家家电企业的绿色壁垒调查，发现了美国能源部在损害计算中的瑕疵以及检测中存在的问题，迫使美国能源部重新计算和检测，最终把初裁时的罚款500多万美元降到了100万美元。

赵永清和他的团队用一个又一个实际案例证明了自己在国际法律服务中的实力，也渐渐得到宁波企业界的认可。2013年，赵永清与他的团队参与中国石化宁波工程公司等"一带一路"沿线国家大型工程的建设工作。在该公司拟参与哈萨克斯坦石化项目投标前，赵永清和他的团队仔细收集了与该项目相关的法律问题，提出了工程总承包的相关法律问题、解决方案和风险防控措施，促成了项目的中标。接着又参与该公司沙特阿拉伯电厂项目的投标，赵永清和他的团队仔细研究了中英文招标文件，提出了100多条法律问题和法律建议，为该公司顺利投标、中标以及项目实施尽了一分力。赵永清在"一带一路"沿线国家的国际货物买卖、国际海上货物运输中也同样起到保驾护航的作用。

赵永清还先后担任了世界银行给中国政府多个贷款项目的法律顾问，处理了这些项目的大量法律事务，保证了世界银行贷款项目在中国的顺利进行，得到政府的表扬。劳动模范的表彰，对于赵永清来说，实至名归。

（资料来源：宁波日报）

【问题导学】

1.在人类历史上，法律扮演什么角色？理解法律的内涵，首先就要对以下三个问题有一个科学的认识，教学过程中围绕以下三点进行讲授：第一，法律到底是什么？第二，法律的发展经历了哪几个类型？为什么说社会主义法律是对历史上各种类型法律制度的超越？第三，社会主义法律的本质是什么？

2.作为一名现代公民，我为什么需要法律？理解法律的作用，就要对以下问题有一个科学的认识，教学过程中围绕这三个问题进行讲授：第一，法律到底有什么作用？第二，作为一名现代公民，我为什么需要法律？第三，社会主义法律的作用是什么？

3.法律作为纸上的条文，如何在社会生活中运行？理解法律的运行，就要在教学过程中回答"法律是如何被制定、执行、适用和遵守"这一问题。

【实践课堂】

项目名称："学宪法，讲宪法"主题演讲

项目目标：通过"学宪法，讲宪法"演讲活动，让学生进一步了解宪法、尊崇宪法，维护宪法，自觉成为宪法的忠实崇尚者、自觉遵守者、坚定捍卫者。

项目活动设计：

1.活动内容：围绕宪法与国家、宪法与社会、宪法与个人等主题展开，演讲题目与体裁不限。

2.活动要求：（1）此项目以个人为单位进行，要求每一位演讲者在课堂上用普通话进行演讲，时间为4~6分钟。（2）演讲要紧扣宣传我国现行宪法这一主题，坚持正确导向，注重宪法精神的解读，注重政治性、思想性、法治性的统一。（3）演讲要立足个人，以小见大，用小切口反映大主题、小故事反映大时代，切忌空谈。（4）引用宪法、解释宪法要准确规范，注意运用法律的语言，避免使用模糊或不规范语言。（5）学生演讲过程中，要求老师录制视频，视频命名：演讲题目+学院专业班级+学生姓名+指导教师姓名；演讲者需提交演讲稿电子版给思政课教师（标题为黑体三号，加粗；正文为宋体小四号；1.5倍行距）。

项目实施感悟：

_____

_____

_____

_____

_____

【案例解析】

案例1："常回家看看"条款写入法律引起的法律思考

案例导读：

新修订的《老年人权益保障法》将"常回家看看"写入法律，引发了社会的广泛思考和争议。

案例呈现：

2013年7月1日起，新修订的《老年人权益保障法》正式实施。其中，新增的第

十八条明确规定："家庭成员应当关心老年人的精神需求，不得忽视、冷落老年人；与老年人分开居住的家庭成员，应当经常看望或者问候老年人。"这一规定被形象地称为"常回家看看"。"常回家看看"这一条款无论是草案修订期间还是正式通过之后，都引发了社会的广泛思考和争议。

反对者认为，法律不是万能的，"关心老人精神需求"很对，但作为法条，老年人是否得到"精神慰藉"没有具体的评价标准，既无法度量，也无法强制执行，因此还是应由道德去约束，不必立法。

赞成者认为，敬老爱老是我国的传统美德，颁布这样的一个法令，并不是让公民因为害怕法律的制裁才去敬老和爱老，它是作为一项法律来提倡我们去关注老人的精神生活。法律的颁布一方面为敬老爱老提供了社会法律的指引，同时也为老年人合法权利的保障提供了渠道。

据了解，以往涉及老年人权益的案件多为财产类、婚姻类、侵权类纠纷，赡养案件也以房产、赡养费为主。但随着经济的发展，越来越多的老人在经济上不需要子女扶持，但却在情感上对子女有较强依赖，对子女在精神上的赡养需求逐渐凸显，这也是精神赡养入法的重要现实依据。

思考解答：

1.你如何看待"常回家看看"条款写入法律？

_____

_____

_____

_____

2.联系案例，谈谈法律的作用。

_____

_____

_____

_____

案例2：都是"掏鸟"惹的祸：河南一大学生掏鸟16只，获刑10年半

案例导视：

河南大学生小闫在家门外发现一鸟窝，于是将鸟窝里的12只鸟掏出来后售卖，后又掏了4只。等再次去掏鸟时，引来警察。据悉，他掏的鸟是燕隼，为国家二级保护动物。最终，小闫因非法收购和猎捕珍贵、濒危野生动物罪被判有期徒刑10年半。

案例呈现：

https://v.qq.com/x/cover/p71a9nsdumo25nr/k0019vgwo95.html

思考解答：

结合本案，谈谈大学生学习法律的重要意义。

_____
_____
_____
_____

【综合思考】

联系我国实际，说明社会主义法律的本质特征。

_____
_____
_____
_____
_____
_____
_____

【经典书目推荐】

[1]苏力.法律及其本土资源[M].北京：中国政法大学出版社，2004.

内容简介：该书从浅近的社会法律问题入手，集中讨论了中国当代法律和法学一系列重要理论问题，如法律规避和法律多元、法律本土化、法律专业化以及法学研究方法论等，涉及经济学、人类学、社会学、阐释学、语言哲学等。该书展现了法学与其他学科的不可分割的关系，蕴含着法理学和哲学思考，是一本堪称"经典"的法学书籍。

[2]中共中央宣传部理论局.法治热点面对面.北京：学习出版社、人民出版社，2015.

内容简介：该书是"理论热点面对面"系列的最新读本，秉承其一贯特点和风格，回答当前人们普遍关注的法治热点问题。中央有关部门的同志和专家学者围绕怎样理解全面推进依法治国总目标、怎样理解法治建设要走自己的路、怎样理解党和法治的关系、怎样理解依法治国首先是依宪治国、怎样推进科学民主立法、怎样推进严格执法、怎样提高司法公信力、怎样增强全民法治观念、怎样理解坚持依法治国和以德治国相结合、怎样理解党规党纪严于国法10个问题进行深入研讨，做出了深入浅出的解读和阐释，既讲是什么又讲为什么，既讲怎么看又讲怎么办，观点权威准确，语言通俗易懂，文风清新简洁，是干部群众、青年学生进行理论学习的重要辅导读物。

【经典视频推荐】

1.纪录片：《铸法》

内容简介：大型文献纪录片《铸法》以中国特色社会主义法律体系起步、发展、形成的历史过程为脉络，以党的十一届三中全会以来的立法过程为重点，以重大立法事件为支撑，通过大量的历史画面和珍贵资料，完整、形象地展现了中国法律体系的发展和形成历程。历史脉络清晰、内涵阐释准确、画面生动丰富，历史感和现实感很强。

视频链接：

https://www.iqiyi.com/lib/m_218455814.html

2.电影：《秋菊打官司》

内容简介：《秋菊打官司》是张艺谋执导、巩俐领衔主演的农村题材电影，该片改编自陈源斌的小说《万家诉讼》，获得第49届威尼斯电影节金狮奖。

故事发生在中国西北的一个小山村。秋菊的丈夫王庆来为了自家的承包地与村长王善堂发生了争执，后被村长一怒之下踢中了要害。为给丈夫讨个说法，怀着身孕的秋菊踏上了漫漫的告状路途。除夕之夜，秋菊难产，村长和村民连夜冒着风雪送秋菊上医院，使她顺利产下一名男婴，秋菊一家对村长满怀感激之情。但正当秋菊家庆贺孩子满月时，市法院发来判决，村长因伤害罪被拘留。望着远处警车扬起的烟尘，秋菊感到深深的茫然和失落。

"秋菊打官司"在一定程度上揭示了中国法治建设进程中所面临的困惑。国家通过法律实现其权威时，如何在个人愿望、社会效果和刚性法律之间实现一种平衡值得人们思考。

视频链接：

https://v.youku.com/v_show/id_XMzg1NTcwMTMxNg==.html

专题十四
坚持全面依法治国

▶

【习语金句】

依法治国首先要坚持依宪治国，依法执政首先要坚持依宪执政。党领导人民制定宪法法律，领导人民实施宪法法律，党自身必须在宪法法律范围内活动。任何公民、社会组织和国家机关都必须以宪法法律为行为准则，依照宪法法律行使权利或权力，履行义务或职责，都不得有超越宪法法律的特权，一切违反宪法法律的行为都必须予以追究。

——2018年8月24日，习近平在中央全面依法治国委员会第一次会议上的讲话

【专题导学】

一、学习目标

1.深刻理解全面依法治国的前提、目标与原则，把握全面依法治国的基本要求。

2.引导和帮助学生从中国特色社会主义法律体系到法治体系建设、从依法治国到全面依法治国的发展历程中感受中国法治的进步。

3.帮助学生增强中国特色社会主义法治道路自信，逐渐养成自觉守法、遇事找法、解决问题靠法的习惯。

二、重点和难点

（一）重点

1.以宪法为核心的中国特色社会主义法律体系。

2.全面依法治国的基本格局。

3.全面依法治国的基本原则。

（二）难点

1.全面依法治国的基本原则。

2.中国特色社会主义法治道路"特"在哪儿。

三、主要学习内容

（一）良法：中国特色社会主义法律体系

1.中国特色社会主义法律体系的构成。良法是善治之前提，全面依法治国，完备的法律规范体系是首要前提，这就是以宪法为统帅，以法律为主干，以行政法规、地方性法规为重要组成部分，由宪法相关法、民法商法、行政法、经济法、社会法、刑法、诉讼与非诉讼程序法等多个法律部门组成的中国特色社会主义法律体系。

2.宪法。宪法是国家的根本法，是治国安邦的总章程，是国家各项制度和法律法规的总依据，具有至上地位和最高效力。依法治国首先是依宪治国，首先要确立和尊重宪法权威。

3.法律部门。各个法律部门分别从不同领域或以不同的调整方式，贯彻落实宪法的内容和精神，保障公民权利，规范国家权力，解决社会问题。各个法律部门的原则，如民法的自愿、公平、诚信、公序良俗等原则，行政法的职权法定、程序法定等原则，刑法的罪刑法定、法律面前人人平等、罪刑相适应等原则，不仅言简意赅地体现了各个法律部门的指导思想和价值追求，而且也从不同角度诠释了法治精神。

（二）善治：中国特色社会主义法治体系

全面推进依法治国，总目标就是建设中国特色社会主义法治体系，建设社会主义法治国家。

1.中国特色社会主义法治体系的构成。建设中国特色社会主义法治体系，就是形成完备的法律规范体系、高效的法治实施体系、严密的法治监督体系、有力的法治保障体系，形成完善的党内法规体系。

2.全面依法治国的基本格局。"科学立法、严格执法、公正司法、全民守法"的方针，告诉我们全面依法治国应该如何具体展开，这也是全面依法治国的基本要求。（1）科学立法。科学立法这就是要使每一项立法都符合宪法精神，反映人民意志，得到人民拥护。要把公正、公平、公开原则贯穿立法全过程。（2）严格执法。法治的生命力在于实施，要坚持依法行政，加快建设职能科学、权责法定、执法严明、公开公正、廉洁高效、守法诚信的法治政府。（3）公正司法。公正司法是维护社会公平正义的最后一道防线。要保证公正司法，提高司法公信力，努力让人民群众在每一个司法案件中都能感受到公平正义。（4）全民守法。法律的权威源自人民的内心拥护和真诚信仰。只有全民养成了自觉守法、遇事找法、解决问题靠法的习惯和信仰，全面依法治国的目标才能最终实现。

（三）走中国特色社会主义法治道路

全面依法治国必须坚持走中国特色社会主义法治道路。走中国特色社会主义法治道路要坚持以下基本原则。

1.坚持中国共产党的领导。就要深入理解党的领导与法治的关系，把"党领导立法、保证执法、支持司法、带头守法"有机统一起来。

2.坚持人民主体地位。就是坚持法治的民主基础，这是社会主义法治的题中之义，也是识别法治真伪的试金石。

3.坚持法律面前人人平等。就是要坚持法律至上，反对特权思想和特权现象，"老虎苍蝇一起打，权力关进制度笼子"。

4.坚持依法治国与以德治国相结合。"依"与"以"的不同，首先体现了法治与德治地位的不同，法治是治国理政的基本方略，德治是治国理政的重要补充，这使得现代法治与德治的结合关系区别于我国封建社会的"德主刑辅"的治理方式。法治与德治相互促进，法律是成文的道德，道德是内心的法律，要将两者结合，做到法安天下，德润人心。

5.坚持从中国实际出发，各国法治有相通之处，但是法治的内容却非普世价值，走什么样的法治道路、建设什么样的法治体系，是由一个国家的基本国情决定的。我们既不能盲目排外，更不能搞"全盘西化"。

四、学习建议

（一）明确本专题的地位和作用

本专题教学主要围绕全面依法治国的基础（法律体系）、总目标（法治体系）、基本原则（法治道路）和总体要求（基本格局）展开，是法治的本体论部分，上承我国社会主义法律的本质和作用专题，下启社会主义法治思维专题，是大学生从法律认知到法治认同再到思维习惯养成的重要阶梯。

（二）准确把握教学的重点难点

1.以宪法为核心的中国特色社会主义法律体系。本部分是直接介绍我国制度的内容，具有知识属性，在学习过程中应突出宪法地位，树立宪法权威；部门法的学习应坚持重原则、轻制度，突出法律的价值与精神。

2.全面依法治国的基本格局。本部分的学习需要注重理论联系实际，通过案例了解我国的法律规定和法治进程，提高综合运用所学知识分析问题的能力。

3.全面依法治国的基本原则。全面依法治国的原则是一个相对宏观和抽象、政治与法治相结合的知识点，也是本专题的重点内容之一。要重点理解以下两个原则。一是坚持中国共产党的领导。明确党和法的关系是政治和法治关系的集中反映。法治当中有政治，没有脱离政治的法治。"党大还是法大"是一个政治陷阱，是一个伪命题。但现实生活中，权大还是法大，则是个真命题。二是坚持依法治国与以德治国相结合。法治与德治虽然相辅相成，缺一不可，但是法治属于政治文明的范畴，德治属于精神文明的范畴。法亦容情还是法不容情？应该结合具体案例进行理解。

（三）注意法律知识的融会贯通。

本专题的公正司法与下一专题的法治思维中的公平正义、正当程序互为表里，联系紧密，学习过程中要注意两个部分的结合，做到融会贯通。

【劳模引领】

张小勇：高原上的法律勇士

张小勇，男，1982年8月出生，中共党员，大学学历，现任西藏自治区阿里地区噶尔县人民法院副院长。多年来身处执行一线，克服困难、奋勇攻坚，恪守法官职业道德，曾被评为优秀公务员、优秀共产党员、优秀执行员、先进"双联户长"，曾荣立三等功2次，2019年获全国法院劳模荣誉称号。

"红柳花开六月天，八月飞雪冬未归。黄沙满地春草无，狂风肆虐昏鸦泣。狮泉河水东逝去，瑶池燕尾记丰碑。"这是张小勇同志自己写的一首打油诗。这首打油诗不仅客观地描绘了他的工作环境，同时也道出了他对自己从事的审判执行工作的热爱之情。多年来，他一直身处执行工作一线，把守着国家公权力保障的最后一道篱笆。

主办巴某诉索某转让合同案时，张小勇找到索某，情绪激动的巴某就掏出了挂在腰间的藏刀，朝着索某刺去，张小勇想都没想，跃身扑了过去，一手紧紧地握住了刺向索某的刀刃，防止了一件简单的执行案件发展成刑事案件。经过他苦口婆心的说服、教育，索某终于认识到了自己的错误，向巴某道歉，此案也得以胜利执结。

在执行赵某与张某道路交通人身损害赔偿一案中，有赔偿义务的车主张某跟执行员玩起了"躲猫猫"。后得到张某在西藏拉萨市经营了20多间出租房，他奔赴上千公里，来到拉萨。张某得知了他们的到来，故意躲了起来。面对这种情况，他立即做出了一个决定：蹲点。1月的拉萨天气寒冷，晚上就更冷，在他蹲守的第三个晚上，张某和妻子摸黑回到了出租房，被张小勇撞了个正着。他一遍遍做双方当事人的工作，晓之以理，动之以情，最终打动了双方当事人，双方都将自己心中的憋屈一吐为快，此案得以圆满完结。

他主办的徐某诉新疆环宇建筑公司阿里分公司建筑承包合同一案，申请人徐某找到张小勇说："能不能抓紧先执行我这个案子？我等得起，可我下面干活的十几个民工等不起呀，他们都等着拿钱回家。"了解情况后，他将手头上的案子先放下，立即对此案展开执行。可说起来容易，做起来难，他来到被执行公司时，该公司人去楼空，就是对该公司的资产马上变卖也需要时间，后得知该公司在阿里地区建设局有未拨完的工程款，他又积极同阿里地区建设局协商，建设局以年底封账为由让他吃了闭门羹，他一次次找建设局领导协商，最终建设局领导被他说服，23天后拿到了17万多元的工程款。

这些案件只是他办理的上百起执行案件中的几件。张小勇同志就是这样一位"拼命三郎"式的执法者，10多年来，他以自己的实际行动，诠释了"人民法官为人民"的崇高誓言，维护了人民法院、人民法官的良好形象。

（资料来源：人民法院网）

【问题导学】

1.为什么以宪法为核心的中国特色法律体系是全面依法治国的前提和基础？要理解我国现有的法律体系及其在全面依法治国中的地位，需要围绕以下三个问题进行讲授：第一，全面依法治国的前提和基础是什么？第二，中国特色法律体系是怎样的？为什么我国的法律体系以宪法为核心？第三，我国宪法与法律部门包括哪些内容？

2.全面依法治国的总目标和总体要求是什么？要理解和掌握我国全面依法治国的总目标和总体要求，就要对以下两组问题做出回答：第一，全面依法治国的总目标是什么？它包括哪两层含义？全面依法治国，"全"在哪里？第二，全面依法治国的基本格局是什么？

3.怎样实现全面依法治国？要理解中国特色社会主义法治道路如何实现，就要对以下问题有一个科学的认识：第一，中国的法治发展道路为什么不能照抄照搬西方，而是要走中国特色社会主义法治道路？第二，中国特色社会主义法治道路"特"在哪里？需要遵循的基本原则是什么？

【实践课堂】

项目名称：宪法知识竞赛

项目目标：宪法知识竞赛旨在促进大学生学习宪法知识，增强法治观念，深切理解依法治国重在依宪治国。

项目要求：

1.全院学生使用统一的多套宪法知识题库，竞赛题目从题库中抽取。

2.教室能播放PPT。

3.小组竞赛与个人竞赛结合。

项目活动设计：

1.开学第一次"思想道德修养与法律基础"课，各任课教师给任课班级发放宪法知识题库，学生依此学习备赛。

2.竞赛时间为课堂时间，各班教师根据课程进展，与学生讨论决定各班实际竞赛时间。

3.各班竞赛题目由任课教师从题库中随机抽取。竞赛题目用PPT展示。竞赛时，学生不能携带任何与竞赛有关的资料以及电子产品，否则按作弊处理，作者本项目为0分。

4.竞赛环节分为必答题、选答题和抢答题。

必答题：每班按小组顺序，每小组成员按顺序每人回答一道题，成员之间不能相互代替。答对一题得一个笑脸（计分标志），答错不得、不扣笑脸。

选答题：每班每个小组可以选择任一成员代表本组在两题内任选一题回答，答对一题得一个笑脸，答错不得、不扣笑脸。成绩记入小组成绩，每个组员均可获得。

抢答题：各小组以及组内成员无须按顺序答题，主持人发布"开始答题"指令后，即可答题，以抢先站起来回答的为答题人，本环节要慎重回答，答对一题个人得一个笑脸，答错一题个人扣一个笑脸。

比赛结束后，按照个人所得笑脸，由任课教师记入本项目成绩。

项目实施感悟：

_____

_____

_____

_____

_____

_____

【案例解析】

案例1：蒋韬诉中国人民银行成都分行身高歧视案

案例导读：

2001年，中国人民银行成都分行发布的一条招录启事，没想到引来一场官司……

案例呈现：

2001年12月23日，中国人民银行成都分行（以下简称成都分行）在《成都商报》上刊登了《招录行员启事》，其第一条"招录对象"规定："2002年普通高等院校全日制应届毕业的具有大学本科及以上学历的经济、金融、计算机、法律、人力资源管理、外语等相关专业的学生。男性身高在168厘米、女性身高在155厘米以上，生源地不限。"蒋韬是四川大学法学院1998级学生，看了启事后，认为成都分行发布的招录广告，是对包括自己在内的身高在其下的报名者的身高歧视，侵犯了原告享有的宪法赋予的担任国家公职的平等权，向成都市武侯区人民法院提起行政诉讼，请求法院确认成都分行的具体行政行为违法。

此案于2002年1月7日由成都市武侯区人民法院受理，被称为中国法院受理的宪法平等权利的第一案。

思考解答：

1.请结合以上案例，利用所学的宪法知识谈谈公民的基本权利。

_____

_____

_____

_____

_____

2.如何理解我国宪法的地位和基本原则？

_____

_____

_____

_____

_____

案例2：检察机关依法纠正赵宇案处理决定

案例导视：

黑龙江哈尔滨小伙赵宇因阻止女邻居被打，与施暴者产生肢体冲突，被福州市公安局晋安分局以过失致人重伤罪移交人民检察院。案件处理一波三折，最后，检察机关依据刑事诉讼法第一百七十七条第一款规定，并参照最高人民检察院2018年12月发布的第十二批指导性案例，对赵宇做出无罪的不起诉决定。最高人民检察院表示，严格依法对赵宇一案进行纠正，有利于鼓励见义勇为行为，弘扬社会正气，欢迎社会各界监督支持检察工作。

案例呈现：

https://v.qq.com/x/page/v0030nkc3f1.html

1.联系案例，说明法治监督的作用。

2.如何理解中国特色社会主义法治体系的主要内容？

【综合思考】

如何理解依法治国与以德治国相结合？

_____

_____

_____

_____

_____

_____

【经典书目推荐】

[1]中共中央文献研究室.习近平关于全面依法治国论述摘编[M].北京：中央文献出版社，2015.

内容简介：共分8个专题，收录了193段论述，摘自习近平同志2012年12月4日至2015年2月2日期间的讲话、报告、批示、指示等30多篇重要文献。认真学习这些重要论述，对于深刻理解全面依法治国的重大意义，系统把握全面依法治国的指导思想、总目标、基本原则和总体要求，深入贯彻落实党的十八届四中全会精神，按照协调推进"四个全面"战略布局的要求不断开创依法治国新局面，具有十分重要的意义。

[2]王利明.人格权立法的中国思考[M].北京：中国人民大学出版社，2020.

内容简介：人格权在民法典中独立成编符合民法发展的最新趋势，符合民法典科学性和体系性的要求。本书包含人格权基础理论、人格权编的立法设计、民法典人格权编草案评析、具体人格权研究以及人格权的新问题五个部分，立足于解决中国现实问题，为解决21世纪人类共同面临的人格权保护问题提供中国智慧与方案。

【经典视频推荐】

1.专题片：《法治中国》

内容简介：该片紧紧围绕习近平总书记系列重要讲话精神和治国理政新理念、新思想、新战略，以建设法治中国为主题，以党的十八大以来中央关于全面依法治国重大决策部署和重大成就为主线，深入浅出地阐释了全面依法治国的历史性变革和辉煌成就。全片共分六集，分别为《奉法者强》《大智立法》《依法行政》《公正司法（上）》《公正司法（下）》《全民守法》，既有权威、严谨的理论阐述，又有丰富、生

动的案例故事，体现了人民群众因法治进步而不断增强的获得感和幸
福感。

视频链接：

http://www.gov.cn/zhuanti/2017fzjxszt/fzjxs.html

2.电视剧：《人民的名义》

内容简介：该电视剧以检察官侯亮平的调查行动为叙事主线，讲述了当代检察官
维护公平正义和法制统一、查办贪腐案件的故事。该剧根据周梅森的同名小说改编，
故事情节跌宕起伏，引人入胜，刷新了近十年省级卫视收视的最高纪录，同时入选
2017中国十大事件，是一部经典的反腐大剧。

视频链接：

https://list.youku.com/show/id_zda58c2950acb11e6bdbb.html?tpa=dW
5pb25faWQ9MTAzNzUzXzEwMDAwMV8wMV8wMQ&refer=sousuotoufang_
market.qrwang_00002944_000000_QJFFvi_19031900

专题十五
培养社会主义法治思维

【习语金句】

各级党委和政府要全面依法履行职责，坚持运用法治思维和法治方式开展疫情防控工作，在处置重大突发事件中推进法治政府建设，提高依法执政、依法行政水平。各有关部门要明确责任分工，积极主动履职，抓好任务落实，提高疫情防控法治化水平，切实保障人民群众生命健康安全。

——2020年2月5日，习近平在中央全面依法治国委员会第三次会议上的讲话

【专题导学】

一、学习目标

1.准确理解社会主义法治思维的基本内涵和特征，充分认识培养法治思维的重要意义，系统掌握法治思维培养方法。

2.增进尊法学法守法用法的自觉性，以实际行动维护社会主义法律权威，成为法治中国建设的中坚力量。

3.学习按照法治的理念、原则和标准判断、分析和处理问题，养成法治思维习惯。

二、重点和难点

（一）重点

1.法治思维的含义。

2.尊重和维护法律权威的重要意义。

（二）难点

1.法治思维的内容和基本特征。

2.培养法治思维的途径和方法。

三、主要学习内容

（一）法治思维的含义

法治思维是指以法治价值和法治精神为导向，运用法律原则、法律规则、法律方

法思考和处理问题的思维模式。基于这一定义，需要把握三点：一是法治思维的主体不局限于"法律人"，也包括干部、群众和大学生等；二是法治思维是一种融法治价值理性和工具理性于一体的高级法律意识，是一种理性思维，讲究逻辑推理，需要培养；三是法治思维的依据首先是法治精神，而不仅仅是法律规范。

（二）法治思维的基本内容

法治思维的内涵丰富、外延宽广，主要表现为价值取向和规则意识两个方面。价值取向是指如何看待和对待法律，规则意识是指如何用法律看待和对待自身。一般来讲，法治思维主要包括法律至上、权力制约、公平正义、权利保障、正当程序等内容。

（三）法律权威的含义

法律权威是指法律在社会生活中的作用力、影响力和公信力，是法律应有的尊严和生命。

法律权威源自人民的内心拥护和真诚信仰。我国宪法法律是党的主张和人民意志的统一体现，具有最高的权威。法律有权威、必须维护法律权威，这本来是一个常识性问题，但真正理解和做到并不容易。一些人不把法律当回事，把个人意志凌驾于法律之上，藐视法律权威；一些人之所以走上犯罪道路，也与内心不信仰法律、行为不尊重法律有很大关系。尊重法律权威，不仅要求尊重法律，更要求崇尚法治。只有思想上尊法崇法，才能实践中守法护法。

（四）尊重和维护法律权威的重要意义

全体社会成员尊重社会主义法律权威，不仅是保证法律发挥作用的基本前提和要求，也是保障个人平安幸福的底线和红线。尊重和维护法律权威，对全面依法治国至关重要。尊重和维护法律权威是社会主义法治观念的核心要求和建设社会主义法治国家的前提条件；对于推进国家治理体系和治理能力现代化、实现国家的长治久安极为重要；是实现人民意志、维护人民利益、保障人民权利的基本途径；是维护个人合法权益的根本保障。

（五）尊重和维护法律权威的基本要求

人民是国家的主人翁，是法治国家的建设者和捍卫者，尊重法律权威是其法定义务和必备素质。尊重和维护法律权威要做到：

1.信仰法律，应当相信法律、信奉法律，树立崇尚法律、信仰法律的牢固观念，增强对法律的信任感、认同感，对法律常怀敬畏之心。

2.遵守法律，要用实际行动捍卫法律尊严，保障法律实施。参与社会活动，实施个人行为，都要以法律为依据，不得违反法律规范。处理问题、做出决定时，要先问问在法律上"是什么"和"为什么",是否合法可行。

3.服从法律。应当拥护法律的规定,接受法律的约束,履行法定的义务,服从依法进行的管理,承担相应的法律责任。对一切依据法律和事实做出的决定,真心接受与认可,自觉执行。

4.维护法律。争当法律权威的守望者、公平正义的守护者、具有良知的护法者。对违法犯罪行为,要敢于揭露、勇于抵制,消除袖手旁观、畏缩不前的恐惧心理,抵制遇事回避的惧法现象。

(六)培养法治思维的途径

在日常生活中,大学生可以通过各种途径学习法律知识、掌握法律方法、参与法律实践、养成守法习惯、守住法律底线等,在学习和生活中逐渐提高法治思维能力,培养法治思维方式。

1.学习法律知识。学习和掌握基本的法律知识,是培养法治思维的前提。

2.掌握法律方法。法治思维的过程,就是运用法律方法思考、分析和解决法律问题的过程。法律方法主要包括两个方面:一是正确理解法律的方法,包括理解法律条文的含义、内容和精神等;二是正确运用法律的方法。

3.参与法律实践。法治思维是在丰富的法律实践中训练、培养和应用的思维方式。脱离法治建设的生动实践,难以养成法治思维方式。只有通过参与各种法律活动,在法律实践中运用法律知识和方法思考、分析、解决法律问题,才能养成自觉的法治思维习惯。

4.养成守法习惯。法治思维是一种习惯性思维,与长期自觉养成的生活习惯有很大关系。办事遇事习惯找"关系",有问题习惯找政府,指望行政化手段干涉等,都是缺乏法治思维的具体表现,说明没有养成用法解决问题、依法办事的习惯。公民只有自觉遵守宪法和法律,坚持从具体事情做起,才能养成守法的习惯和法治思维。

5.守住法律底线。法律红线不可逾越、法律底线不可触碰。法律不能成为"橡皮泥""稻草人",触犯法律底线就要受到追究。

四、学习建议

本专题可以采用自主探究、案例分析、交流讨论等方法进行学习。在学习过程中,有以下几点建议。

1.要掌握法治思维的含义,需要从不同观点中学会思考和辨析。要明了法治思维是以规则为中心,以合法性判断为优先,通过限制权力来保障权利,坚持正当程序的思维方式;法治实质上就是一种思维模式,这种思维模式表现为人们自觉地、经常地按照法治的理念来思考问题，并采取与法治理念相一致的普遍行为方式。通过与人治思维的对比进一步了解法治思维的含义。

2.在学习法治思维的基本内容时，可以通过阅读一些经典案例和观看法律电影，来帮助理解法治思维基本内容的含义。比如电影《十二公民》，用陪审团的形式来探讨一个引起广泛关注的案件。影片中作为陪审员的12名公民中，除了何冰饰演的陆刚，无一例外地投票认为富二代有罪，经过陆刚的层次引导，有罪和无罪的票数从11：1，变成10：2，变成8：4……最后变成0：12。影片最后，揭示了陆刚的真实身份是一名检察官。也正是在他的层层引导下，我们更加清醒地认识到，学习法律、拒绝盲从是对法律的尊重，是对生命的尊重。从影片中可以直观地感受到尊重法律、培养法治思维的重要性。

3.学习法律权威这部分内容，可以通过观看《法治中国》纪录片系列，感性认识培养法律权威需要多方努力。"一切法律中最重要的法律，既不是刻在大理石上，也不是刻在铜表上，而是铭刻在公民的内心里。"法国思想家卢梭的这句警言，凝练地道出了"使法必行之法"在于人心这一道理。法治的真谛，在于全体人民的真诚信仰和忠实践行。民众的法治信仰和法治观念，是依法治国的内在动力，更是法治中国的精神支撑。在占世界人口近五分之一的中国，如何做到人人尊法、守法，这是世界法治史上独一无二的课题。全体国民尊重法律权威，司法机关公正执法，才会最终达成法治社会的理想。

4.关于培养法治思维的途径。建议同学们勤于思考、勤于学习，从网络、新闻、和其他媒体端多多了解鲜活的法律知识；多看法律节目，如《现在开庭》《以案说法》等电视节目，都可以成为同学们学习了解法律知识的途径。我国目前司法改革背景下，司法透明度越来越高，庭审直播，审判书上网，同学们可以便捷地接触司法一线，获得第一手的学习材料。

【劳模引领】

姜艳：用心办案，温暖司法

姜艳，女，1976年7月出生，中共党员，山东青岛人，市南区人民法院金门路法庭庭长，青岛市青年岗位能手、青岛市劳动模范、全省法院办案能手、山东省先进工作者、全国法院先进个人。

姜艳自1998年从业以来，积极参与了市南区法院阳光学校的创建、圆桌审判方式的改革、人格调查制度的完善、社区矫治工作的开展、针对未成年人犯罪进行心理辅导的"心灵绿洲"工程的落实等多项工作。自2010年至今从事民商事审判工作，办案数量和质量一直在青岛法院系统名列前茅，并多次刷新了青岛市法院法官个人办案的年度纪录。通过对调解工作的研究及当事人诉讼心理的把握，在近几年审结的民事案件中，除去依法缺席审理的案件外，平均调撤率达70％以上，充分体现了"调判结合、以调为主"的审判原则，既提高了审判效率，又促进了社会和谐。从业20年来，她所审理的几千起刑事、民商事案件无一例错案、无一例上访。

用心调解，温暖司法促和谐

在姜艳看来，化解纠纷、促进和谐是一门艺术，案结、事了、人和，是法官的目标。如何让当事人和解甚至和好，需要法官用心去调解、全程去调解，让当事人感情上贴近、理性上认同，然后才会在内心里服气。姜艳的工作体会是：只要真正把老百姓装在心里，就没有调不好的案子。只要讲清道理、让当事人平复情绪，辩明法理、让当事人理性思索，说通情理、让当事人解开心结，一般都能调解成功。几年来她办理的当事人到庭参与诉讼案件的调撤率都在70％以上，基本实现了案结、事了、人和。

在姜艳看来，高效的工作离不开有效的工作方法，应因案施策灵活调解，有时她就像居委会大妈一样上门调解，以最大的热情和最真的情感去化解纠纷。有一起邻里纠纷案件，两家小孩玩耍中碰撞受到轻微伤害，分别花了1000多和2000多元的医疗费，为索要医疗费诉到法院。庭审时各执一词，均认为对方应承担主要责任，争得面红耳赤、剑拔弩张。为缓解双方矛盾，姜艳耐心做调解工作，当面调解不成，就分头做工作。那几天，姜艳找完原告找被告，白天当事人不在家就下班后晚上去，先后跑了十几趟。看到姜艳这么奔波，庭里的同事都劝姜艳："一个几千块钱的小案件，判了得了，你这么跑来跑去，也不嫌麻烦呀！"可她说："这虽然是件小案子，但是不把道理讲明白，双方都不会顺过气来，出判决很容易，可是案子结了他们还是要做邻居的，不把这个结给他们解开，今后邻里之间怎么相处呢？"终于，在她的真诚和耐心的调解下，两家各让一步，握手言和。

善于统筹，千方百计提效率

公正与高效是法官不懈的追求。一年审结七八百起案件，这个数字意味着一年365天，扣除节假日后，平均每天都要审结三四起案件。姜艳在确保办案质量的同时，尽最大努力提高办案效率。她最大的成就感是：多办案、快办案、办好案，让人民满意。

自2008年从少年审判庭调入民商事案件审判庭后，姜艳利用一切机会努力学习钻研民商审判业务，有了新书就去买，出了新的司法解释就琢磨。慢慢地遇到问题不用翻法条了，并且熟能生巧，发现很多案件都有规律。譬如离婚案件怎么做调解工作，民间借贷有哪些类型、怎么办理都有规律可循，都有捷径可走，特别是在庭前调解上突出一个"快"字。每收到一起案件，都要对案件的卷宗材料细致查看和分析，对案件基本情况做到心中有数，根据每个案件的不同情况有针对性地安排庭前调解。由于前期工作准备充分，有相当一部分案件，通过组织庭前调解，一次就能调解成功，被告方基本都能按照承诺履行义务，真正做到"案结事了"。对调解不成的案件，立即组织双方进行证据交换，做好庭前调解与法庭审判的有机衔接，为快速审结案件打下基础。

实践中她摸索出"集中调解和开庭法"，也就是在庭前调解阶段，把争议不大的几个案件安排同时调解。当事人到场后，先集中告诉他们调解的基本原则，然后让他们各自进行沟通，协商解决，最后姜艳根据案件的协商程度再参与个案调解。审判环节同样如此，每次开庭最少安排3个案件，逐个开庭审理，由于采用简易程序可不必重复宣读和告知权利等，节省了时间，直接进入证据交换阶段，大大提高了效率，大多数案件可以在30分钟内结束庭审。曾经，她用20天的时间成功审结了拖欠供热费的84个案子，要知道物业和供热的案子都是牢骚多、借口多、难调解，姜艳集中一周阅卷发诉，一周开庭调解，一周写判决。开庭时，她借用了对面的一个法庭，安排两个书记员错开时间分别开庭，整整一个多星期，一天要开七八个庭，她就这样两个法庭来回跑，两边不停地调解说和。到后来，她的嗓子几乎都说不出话来；久坐腰疼，三伏天里拿热水袋捂一捂；忙得头晕目眩，坚持不住了，就在审判席上靠一靠。终于，她的真诚和努力感动了每一个来开庭的当事人，被告到庭的47件案件全部达成调解协议。而剩下的30多起被告拒不到庭的案件直接依法判决，因为认定事实准确，说理论证充分，这些案件无一起上诉，全部一审生效。

精心释法，无私奉献写公正

姜艳始终坚持"能调则调，当判则判"的原则，决不拖泥带水。为使当事人彻底服判息诉，注重一个"细"字，尽力把每一份判决书都写得清清楚楚、通俗易懂。尤其针对个别当事人不服判决或者看不懂判决书的情况，耐心细致地做好判后释法工作，尽量让当事人赢得明白，输得清楚，消除疑虑和误解，有效地避免了当事人缠诉上访等问题。

现在，人民群众的法律意识越来越高，法院受理的案件也日益增多，法官的工作压力也不断提升，但姜艳始终坚持法官的核心价值，进而认识到：法官切忌抱怨、切忌浮躁，要兢兢业业、踏踏实实地做好审判工作，还要不断学习，不断提升自己的法律素养和审判能力，始终保持一名法官的生命力，做一名合格的法官。

（来源：青岛文明网）

【问题导学】

1.如何培养法治思维？什么是法治思维？法治思维与人治思维的区别是什么？法治思维的基本内容有哪些？培养法治思维的途径有哪些？通过培养法治思维，增强青年人的现代公民意识。

2.如何尊重和维护法律权威？什么是法律权威？为什么要尊重和维护法律权威？尊重和维护法律权威的基本要求是什么？通过树立法治权威意识和实际行动，做一个懂法、护法的好公民。

【实践课堂】

项目名称：小品《十二公民》

项目目标：通过法律小品《十二公民》的演绎，让学生体会培养法治思维的重要性，并在演练的过程中培养实践操作能力、表达能力和团队协作能力，以提高法治素养和综合素养。

项目活动设计：

1.活动准备：（1）认真观看电影《十二公民》，充分研究电影内容，确定组员的分工。（2）确定好小品的角色分配，准备好小品台词的编写。（3）小组成员课下做好充分的排练。

2.课堂展示：（1）主持人进场致辞，并介绍小品内容和参与人员。（2）小组成员在课堂上演绎小品。（3）时间控制在30分钟以内。（4）老师点评、同学互评，并根据投票，评选出一、二、三等奖。

3.课后作业：通过这个活动，你有什么收获和体会？

项目实施感悟：

_____

_____

_____

_____

_____

【案例解析】

案例1：全国首例：因疫情起诉房东要求减租，法院判决支持！

案例导读：

2020年4月，江西省黎川县人民法院适用不可抗力规则审结一起因新型冠状病毒疫情引起的租赁合同纠纷。

案例呈现：

黄某自2018年8月1日起承租邱某店面从事理发行业，租赁期限3年，每月按期缴纳租金1600元。2020年1月24日，江西省启动重大突发公共卫生事件一级响应。黄某为积极响应党和政府的抗疫号召，自觉服从抗疫大局，自2020年1月24日起关闭理发店，暂停营业。随着疫情的有效控制，黎川县市场监督管理局于2020年2月21日下发有序恢复商业网点营业的通告。

黄某于2月22日开店营业，在同邱某沟通减免停业期间部分租金无果后，于3月3日向邱某支付了2、3月份租金3200元。3月4日，黄某向黎川县人民法院起诉，要求邱某减免疫情停业期间部分租金700元。

黎川县法院认为新型冠状病毒疫情属于全国突发公共卫生事件，不可预见、不能避免、不能克服，系不可抗力，因此导致合同一方无法履行合同，遭受不可抗力影响的一方有权要求免除或者部分免除责任。执行政府文件暂停营业既是租户的义务也是房东的责任，而由此造成的损失，根据公平原则双方均应分担根据不可抗力免责规则。经调解未果后，判决邱某减免黄某疫情停业期间部分租金700元。宣判后，双方均未上诉，取得了良好的法律效果和社会效果。该判决现已发生法律效力。

疫情期间，江西高院民二庭专门出台《商事审判答疑》，对新型冠状病毒肺炎疫情发生后承租人能否要求出租人降低或减免租金做出答复，明确提出可按照公平原则，适度减免租金，分担损失。本案为全省法院适用该规则裁判的首例案件。

（资料来源：江西法院网）

思考解答：

1.本案中法院为什么判决房东邱某减免黄某疫情停业期间部分租金？

_____

_____

_____

_____

2.结合本案，谈一下大学生应如何培养法治思维。

_____

_____

_____

_____

_____

案例2：《庭审现场：年迈母亲的心愿》

案例导视：

2016年3月15日，家住云南省弥勒市的陈汝芬老人的住所遭到亲生儿子的打砸，而她更是被赶出家门。陈汝芬老人身体每况愈下，亟须手术，但因无力独自承担医疗费用，万般无奈之下给儿子打电话，可是儿子依然无动于衷。想到自己年事已高，未来的生活难以保障，彻底寒心的老人只好将三个子女都告上了法庭。

案例呈现：

http://tv.cctv.com/2019/04/06/VIDEDq19mi4RcZwUsi3lUmyx190406. shtml

思考解答：

通过本案法院判决，谈谈培养法治思维的意义。

_____

_____

_____

_____

_____

【综合思考】

如何理解法律至上？

_____

_____

_____

_____

_____

_____

_____

_____

_____

_____

_____

【经典书目推荐】

[1]刘哲.你办的不是案子，而是别人的人生[M].北京：清华大学出版社，2019.

内容简介：本书是北京市人民检察院检察官刘哲工作之余撰写的短文集。全书分为司法观、相对论、启示录三部分。透过检察官的视角，看到的不仅是案子与人生，更是司法的至高境界。

[2]刘晗.法律是种思维方式[M].上海：上海交通大学出版社，2020.

内容简介：本书吸收了法学、社会学、历史学、哲学等学科的理论和洞见，融合国内外经典案例和法律现象，给读者展示法律思维的底层逻辑，让读者戴上法律的眼镜，看见更大的世界。

【经典视频推荐】

1.电影:《十二公民》

内容简介：暑期一所政法大学内，未通过英美法课程期末考试的学生迎来补考。他们组成模拟西方法庭，分别担任法官、律师、检察官等角色，审理一桩社会上饱受争议的"20岁富二代弑父"案。12位学生家长组成了陪审团，这些人来自社会不同阶层，有医生、房地产商、保安、教授、保险推销员等,他们在听取学生法庭审理后，将对本案做出最终"判决"。这12名陪审员互不相识，但按照规则，他们必须达成一致，才能结束审判。第一轮投票，就有11人认定"富二代"有罪，所有人证、物证都指向这一结果，这位年轻的犯罪嫌疑人离舆论上的死亡只有一步之遥。所有的线索都被逐一讨论，随着审判的进行，疑点出现，每个人背后的故事也浮出水面。

视频链接：

https://v.youku.com/v_show/id_XMTM0MjQ2NjQ4OA==.html?tpa=dW
5pb25faWQ9MTAzNzUzXzEwMDAwMV8wMV8wMQ&refer=baiduald1705

2.央视栏目：《今日说法：公平正义新时代：让执行不再难》

内容简介：2011年10月26日晚上，天涯社区上突然上传了很多张关于福建省宁德市澳泰房地产售楼处被冲击的照片，经调查，澳泰房地产开发的金港名都楼盘有的没交房，有的交了房没通水电，债主讨债，工人欠薪，600份判决书却无法执行。因为开发商的盲目开发，导致资金链断裂造成烂尾楼的现象在全国并不少见。执行法官："我们要想尽办法守护公平正义，守护老百姓的基本利益。"

视频链接：

http://tv.cctv.com/2019/03/12/VIDE3rqrOllhEUtO1HygLlwc190312.
shtml

专题十六

依法行使权利与履行义务

▲

【习语金句】

依法治国首先要坚持依宪治国，依法执政首先要坚持依宪执政。党领导人民制定宪法法律，领导人民实施宪法法律，党自身必须在宪法法律范围内活动。任何公民、社会组织和国家机关都必须以宪法法律为行为准则，依照宪法法律行使权利或权力，履行义务或职责，都不得有超越宪法法律的特权，一切违反宪法法律的行为都必须予以追究。

——2018年8月24日，习近平在中央全面依法治国委员会第一次会议上的讲话

【专题导学】

一、学习目标

1.引导和帮助大学生正确理解法律权利与义务及其关系，树立马克思主义权利义务观。

2.把握行使法律权利的界限，明确违反法定义务应当承担的法律责任。

2.培养依法行使权利和履行义务的能力，努力成长为具有优秀的法治素养、自觉担当民族复兴大任的时代新人。

二、重点和难点

（一）重点

1.法律权利与义务及其关系。

2.行使法律权利的界限。

3.违反法定义务应当承担的法律责任。

（二）难点

1.树立马克思主义权利义务观。

2.培养依法行使权利和履行义务的能力。

三、主要学习内容

（一）法律权利与法律义务及其关系

1.法律权利是指反映一定的社会物质生活条件所制约的行为自由，是法律所允许的权利人为了满足自己的利益而采取的、由其他人的法律义务所保证的法律手段。

2.法律义务是指反映一定的社会物质生活条件所制约的社会责任，是保障法律所规定的义务人应该按照权利人要求从事一定行为或不行为以满足权利人利益的法律手段。

3.法律权利与义务的特征。法律权利与义务是具体的、历史的，受国家强制力的保障。法律权利与义务的产生、发展和实现，都强调社会物质生活条件的制约和决定作用。

4.正确理解法律权利与义务的关系要把握几个要点：一是公民享有权利和应尽义务是统一的、平等的。二是权利和义务互相依存，义务的履行就是权利的实现。三是权利和义务彼此结合，具有复合性，即一个行为可以同时是权利和义务。四是权利和义务是目的与手段的关系。

（二）法律权利与法律义务的内容

1.我国宪法法律规定的基本权利。我国宪法法律规定了公民享有一系列权利，主要包括政治权利、人身权利、财产权利、社会经济权利、宗教信仰及文化权利等。

2.公民应履行的基本法律义务。我国宪法特别规定了公民的基本义务。具体包括：维护国家统一和全国各民族团结的义务；遵守宪法和法律，保守国家秘密、爱护公共财产、遵守劳动纪律、遵守公共秩序、尊重社会公德的义务；维护祖国安全、荣誉和利益的义务；保卫祖国、抵抗侵略和依法服兵役、参加民兵组织的义务；依法纳税的义务。此外，公民还有劳动的义务和受教育的义务，夫妻双方有实行计划生育的义务，父母有抚养教育未成年子女的义务，成年子女有赡养扶助父母的义务等。

（三）依法行使法律权利与履行法律义务

1.行使法律权利的界限。依法行使法律权利要求公民行使权利时应严格依据法律进行，以法律的相关规定为界限，超出这个边界就可能侵犯到他人的权利或者损害到国家、社会的利益。

2.违反法定义务应当承担的法律责任。公民未能依法履行义务，应当承担相应的法律责任。具体的法律责任主要包括民事责任、行政责任和刑事责任。

四、学习建议

1.本专题理论线索注意把握两条主线，一条是法律权利与法律义务内容的主线，另一条是法律权利与法律义务行使的主线。为此，理论线索要弄清一个核心概念：法律权利与法律义务；理解好两个关系：法律权利与法律义务的关系、行使权利和尊重他人权利的关系；形成一个规则意识：明确行使法律权利有界限，违反法定义务要担责。牢记宪法规定的"中华人民共和国公民在行使自由和权利的时候，不得损害国家的、社会的、集体的利益和其他公民的合法的自由和权利"。

2.学习本专题内容还要关注时事热点，关注和思考现实中的经典案例、身边事例，将理论运用到实际中，学会妥善处理生活中遇到的法律问题和各种矛盾，提高自己的法治素养，达到知行统一的效果。

【劳模引领】

援疆律师郑茂冉：让老百姓真切感受到法律可依靠

2011~2017年，郑茂冉参加司法部、中国法律援助基金会组织的"1+1"中国法律援助志愿者行动，赴全国无律师县——新疆伊吾县开展法律援助工作。在6年时间里，他凭着广博的法律知识、娴熟的办案技巧和良好的协调沟通能力，办理法律援助案件450余件，化解群体性矛盾纠纷60余起，开展法治宣传70余场次，接待群众来访咨询3000余人次，为维吾尔、藏、回、彝等各族群众挽回经济损失3000余万元，被维吾尔族群众亲切地称为山东来的"买热江"，被农民工称为"真心实意为农民工办实事的贴心人"。他积极为政府法治建设、和谐社会建设建言献策，成为党委政府的好参谋、好助手，在处理群体性复杂性矛盾纠纷、维护社会和谐稳定方面取得突出成绩，赢得了伊吾县党委政府的高度肯定，连续多年被评为"群众信访工作先进个人""法律援助工作先进个人"，并获评伊吾县道德模范。

郑茂冉也常想自己援疆的意义：仅仅是为老百姓打赢一场官司？为政府解决某个法律问题？他的最终愿望，还是想把法治理念带到当地，通过自己的努力，让大家觉得"律师可信赖，法律可依靠"。

6年的默默坚守，6年的倾情奉献。他扎根边疆基层，情系困难群众，展示了山东律师的大爱精神，用青春和才华谱写了一曲当代律师扶弱助贫的正气之歌，先后获得"全国优秀律师""全国司法行政系统劳动模范""全国法律援助优秀服务标兵"等称号。

（资料来源：司法部政府网）

【问题导学】

1.法律权利的含义和特征是什么？法律义务的含义和特征是什么？如何理解法律权利与法律义务的关系？

2.我国宪法规定的公民的基本权利有哪些？我国宪法规定的公民的基本义务有哪些？

3.行使法律权利有什么界限？违反法定义务的法律责任包括哪些？

【实践课堂】

项目名称： 模拟法庭

项目目标： 通过模拟法庭庭审活动，让学生了解法庭审理案件的整个流程和细节，培养实践操作能力、表达能力、应变能力和团结协作能力，增强权利意识和责任意识，提高法治素养和综合素养。

项目活动设计

步骤一：模拟法庭前的准备工作。

1.选取适当案例。各小组可以结合所学专业，自行选择和提供精彩的民事、劳动争议案例等用于模拟法庭，也可以采用以下案例。

推荐案例背景：甲某和乙某长期有生意上的往来。乙某于2017年5月5日向甲某借款人民币20000元，并出具了借条（借条中是否写借期和利息由双方商定）。同年6月10日，乙某未及时向甲某支付货款30000元，当场出具了欠条。此后，由于乙某生意不景气，甲某多次催要未果（可分别假定以当面、电话、微信等方式索要）。甲某决定通过法律途径维护自己的权利。

提示：该案例中存在两个法律关系。同学可自行设计情节，增减案件事实，准备收集证据。

2.确定角色分配。各小组确定模拟法庭所需要的角色。每个小组都是一个审判组织。各小组需要原告1人、被告1人、原告和被告律师各1人、书记员1人；审判人员1人。关于证人，根据情况，由原告、被告自行决定。其他人员为旁听人员。

3.搞好案情分析。各小组要认真研读案例，分析案情，任课教师要指导学生深入学习有关法律规定，寻求法律依据，努力运用所学知识解决问题。

4.做好素材准备。各小组成员根据角色分工，在教师指导下撰写起诉状、答辩状、代理词、证人证言、制作证据、诉讼费计算等，并提交相应法律文书。小组旁听人员可参与上述材料的修改、整理等相关工作。

5.模拟法庭演练。各小组在任课教师或其他专业人士的指导下，课下自行组织模拟开庭，积累经验，发现不足，适时整改。

6.正式模拟法庭。各小组在课堂上主动展示本组模拟法庭，进入模拟法庭正式环节。

步骤二：模拟法庭正式进行。

本阶段为小组模拟法庭正式展示。

1.法庭准备阶段。书记员：（1）请当事人及其诉讼参加人到庭并入席。（2）现在宣布法庭纪律：到庭所有人员应听从审判员统一指挥，一律关闭通信工具，遵守法庭秩序，不准吸烟；旁听人员必须保持肃静，不得喧哗、鼓掌、插话，不得进入审判区，有意见可以在闭庭后提出；当事人及其诉讼参与人不得中途退庭，如擅自退庭，是原告的做撤诉处理，是被告的则依法缺席判决；审判人员或法警有权制止违反法庭纪律、妨碍民事诉讼活动的行为，对不听制止的，可依法予以训诫、责令退出法庭或者予以罚款、拘留；对情节严重的依法追究其刑事责任。（3）全体起立，请审判长、审判员入庭。（4）报告审判员，当事人均已到庭，请开庭。

2.法庭调查阶段。（1）原告陈述。（2）被告答辩。（3）证据质证。

3.法庭辩论阶段。原被告双方围绕本案争议焦点进行辩论。（1）原告发言。（2）被告辩论发言。（3）双方相互辩论。

4.征询双方当事人意见，是否同意调解。

5.当事人最后陈述。

6.评议宣判阶段。

步骤三：教师根据学生承担角色进行点评。

步骤四：庭审结束。审判人员提交判决书。

注意事项：学习倾听别人，不可冲动行事，遵守庭审纪律和规则。

项目实施感悟：

_____

_____

_____

_____

_____

_____

【案例解析】

案例1："暗刷流量"合法吗?

案例导读：

2019年6月3日，北京互联网法院依法向"暗刷流量"案当事人双方送达判决书。

同时，北京互联网法院也收到了本案双方当事人主动缴纳的非法获利款，原告常某某向法院缴纳了非法获利16130元，被告许某缴纳了30743元。

案例呈现：

2019年5月23日，北京互联网法院审理全国首例"暗刷流量"案，该案公开开庭审理并进行了全网直播，两个小时后，本案当庭宣判。本案网络观看点击量达200余万。该案中，被告许某通过向原告常某某购买网络暗刷服务提高点击量的方式，假借虚假流量误导网络游戏玩家，15天刷出2700万点击量，被告许某未按照二人事先签订的合同向原告常某某支付服务费，故常某某将被告许某诉至法院，要求许某履行合同，向其支付服务费等。北京互联网法院一审判决驳回原告全部诉讼请求，认定涉案合同损害社会公共利益，违背公序良俗，属"绝对无效"，并作出收缴常某某、许某非法获利16130元、30743元的决定书。

（资料来源：人民法院报）

思考解答：

1.本案中法院为什么将常某某、许某获利16130元、30743元认定为非法获利予以收缴？

_____

_____

_____

_____

_____

2. 结合本案，谈一下大学生如何依法行使权利和履行义务。

_____

_____

_____

_____

_____

案例2:《今日说法：疫情之下》

案例导视：

新冠肺炎疫情防控是一场倾全国之力的战役，这场战役中，基层执法者逆风而行，冲锋在防疫一线，在维护疫情期间社会稳定的同时，保障了联防联控工作的顺利进行。也有个别违法行为：张某乘坐动车到站后，拒绝配合工作人员进行登记和测量体温，并辱骂工作人员，被警察带到派出所之后，在办案区吐口水，还恐吓办案人员说："消毒也没用，你已经传染上了，知道吗？"郭某因自己跟女友吵架后心情不好，故意向几名路人吐口水来发泄情绪，给路人带来了惊吓和恐惧。基层执法者对两位公民的违法行为雷霆出击，使张某和郭某都受到了法律的制裁。

案例呈现：

http://tv.cntv.cn/video/C10328/6e7a616b244648b4a823c359baba7fbf

思考解答：

1.张某和郭某分别触犯了什么法律？应受到什么处罚？

2.违反法定义务应当承担哪些法律责任？

【综合思考】

如何正确理解法律权利与法律义务的关系？

_____

_____

_____

_____

_____

【经典书目推荐】

[1]冯象.政法笔记[M].南京：江苏人民出版社，2014.

内容简介：本书为作者在《读书》杂志上开设的专栏"政法笔记"文章结集，在本书中，作者关注普通读者感兴趣的、与自己现实生活相关的法律问题，如名誉权、肖像权、版权、官司为什么难打，结合有关案例，给读者深入浅出地上了一堂生动的普法课。

[2]苏力.制度是如何形成的[M].北京：北京大学出版社，2007.

内容简介：本书对人们习以为常的一些观点、看法或认为想当然的东西进行了细致的分析，让读者在阅读的同时感觉到知识的愉悦。本书分为三编：第一编主要探讨社会和法律的热点问题，如言论自由和隐私权、送法下乡、科技与法律以及司法审查和制度形成等问题；第二编是关于法学自身的反思和总结；第三编是作者的读书笔记和读后感。

【经典视频推荐】

1.纪录片：《公司的力量》

内容简介：纪录片《公司的力量》是中国第一部深刻探讨公司制度的电视纪录片。它以世界现代化进程为背景，梳理公司起源、发展、演变、创新的历史，讨论公司组织与经济制度、思想文化、科技创造、社会生活等诸多层面之间的相互推动和影响，旨在以公司为载体观察市场经济的演进，探寻正在社会主义市场经济体制下成长的中国公司的发展道路。

视频链接：

http://jingji.cntv.cn/special/gsdll/01/

2.央视栏目：《今日说法：二十年法治点滴》

内容简介：特别节目《二十年法治点滴》回顾了《今日说法》往期的一些节目，通过点滴记录，梳理20年来中国法治建设的进步与变迁。萝卜的故事发生在山东省日照市，1998年10月，当地警方对一伙持刀抢劫的歹徒实施抓捕，歹徒逃至一户刘姓小院，民警李伟循踪而至，与歹徒展开搏斗，身负重伤。最终，歹徒被成功擒获。在警察抓捕歹徒的过程中，刘家小院的萝卜地被踩得一片狼藉，损失了二十几颗萝卜。户主刘崇汉觉得自家的萝卜该有人赔，却在当地引起了轩然大波。20年前后，对同一个案件的认识，却发生了巨大变化。

视频链接：

http://tv.cctv.com/2019/12/30/VIDEhbRLvDjmHYH3nSYOxo6c191230.shtml?spm=C52056131267.PkHCdznQvTLi.0.0

第二部分

我在青职读经典

02

我在青职读经典

　　同学们从各专题推荐的书目中，任选至少一本进行阅读，并选择一本你最喜欢的书，撰写读书笔记和读后感。鼓励大家将自己的阅读感受在课堂上进行分享。

你阅读的经典书籍	作者	书名	出版单位	出版时间

内容简介：

读后感：

第三部分

"思想道德修养与法律基础"考核方案

03

　　为切实提高课堂教学效果，实现"知行合一"的育人目标，围绕学院思想政治理论课"劳模魂工匠梦"教学主线，"思想道德修养与法律基础"课程实行个人与团队结合、过程化与成果并举的多元考核方式。

　　个人与团队结合，是指在学习过程中，每个自然班的学生，分成若干小组进行学习，每个小组人数为6~8人。在考核过程中，有些任务是小组成员共同完成，按小组进行考核；有些任务是个人完成，对个人进行考核。

　　过程性考核是指将原来集中到学期最后的总考核分散到整个学期学习的过程中。包括平时考核实践项目考核和期末闭卷考试。

　　多元式考核是指不是单一的知识性的考核，而是依据本课程的教学目的对态度、知识、行为、素质进行综合考核，主要表现为对平时表现、线上学习、实践项目和期末总结性的考核。

　　具体考核细则详见附件（"思想道德修养与法律基础"课程考核实施细则。）

附件："思想道德修养与法律基础"课程考核实施细则

"思想道德修养与法律基础"课程共54学时，3学分						
考核项目	平时成绩			线上学习	实践项目	综合测试
各考核项目所占分数（总100分）	15			15	20	15
考核指标	出勤	课堂表现	《实践教程》	线上任务完成情况	学生所选必做实践项目	本课程综合知识、能力等

考核标准	学生需按时上下课，如果全勤，不加分不减分。旷课1次扣3分，迟到1次扣1分，旷课3次以上，该门课最终成绩为不合格。按旷课、迟到次数，任课教师从学生所获平时成绩中扣减相应分数，可为负分。本部分情况由任课教师随堂记录在《"思想道德修养与法律基础"过程考核记录表》中	学生按要求做好课前准备，课后拓展，遵守课堂纪律。学生课堂上积极主动参与学习、讨论、积极参加、完成课堂项目活动等，教师根据学生参与度、态度、知识、行为、项目成果等给出课堂表现成绩。本部分情况由任课教师随堂记录在《"思想道德修养与法律基础"过程考核记录表》中	1.学生认真完成《实践教程》中相关任务。各专题中有留白的地方，包括"案例解析""综合思考""实践感悟"，"我在青职读经典"。学生根据学习进度，及时、认真、全部作答，答案写在留白处。2.案例解析部分，要求结合案例实际，正确分析案例，观点鲜明、正确，有正能量。3.综合思考部分，认真审题，结合所学内容及实际作答。4.各专题"实践课堂"项目，各班确定一个必做项目。其他的项目，各专题根据内容可以在课堂上进行。只要被选做的项目，都进行总结写出感悟。5.认真及时按要求完成"我在青职读经典"	按智慧树学习平台，各环节的时间节点，及时学习，包括看讲课视频，做练习，完成线上考试等	1.本部分需要完成本课程规定的1个学分的实践课。各班根据情况，从各专题"实践课堂"中选择做一个项目。2.按要求认真完成项目，有的项目是个人完成，有的是以小组为单位完成，具体操作按所选项目规定完成。3.文书写作规范，有自己的认识和观点，提交相应成果。4.最后要有视频（视频，其命名格式：项目名称+学院专业班级+学生姓名+指导教师姓名），纸质材料为考核原始材料存档。5.本部分成绩，可以由任课教师根据现场项目展示情况，直接记录在《"思想道德修养与法律基础"过程考核记录表》中	本课程学习结束后，全院统一闭卷综合测试，具体标准按试卷要求

总评	平时成绩占15分，线上学习占15分，实践项目占20分，综合测试占50分。总计100分。课程结束后，任课教师负责汇总并在CRP系统"期末成绩"一栏输入所得分数，并按等级制计算总评成绩提交
备注	"思想道德修养与法律基础"改变了过去期末一卷考的情况，属于过程性考核。因此，如遇不及格现象，也难以一卷补考通过，请各位同学认真学习，按考核细则积极完成各阶段任务